Espírito
de Negócios

Larry Dressler

Reuniões Eficazes

Consiga decisões de compromisso ■
Melhore o processo de decisão ■
Aprenda a atingir o consenso ■

Actual Editora
Conjuntura Actual Editora, S. A.

Missão
Editar livros nos domínios da Gestão e da Economia e tornar-se uma editora de referência nestas áreas. Ser reconhecida pela sua qualidade técnica, **actualidade** e relevância de conteúdos, imagem e *design* inovador.

Visão
Apostar na facilidade e na compreensão de conceitos e ideias que contribuam para informar e formar estudantes, professores, gestores e todos os interessados, para que, através do seu contributo, participem na melhoria da sociedade e da gestão das empresas em Portugal e nos países de língua oficial portuguesa.

Estímulos
Encontrar novas edições interessantes e **actuais** para as necessidades e expectativas dos leitores das áreas de Economia e de Gestão. Investir na qualidade das traduções técnicas. Adequar o preço às necessidades do mercado. Oferecer um *design* de excelência e contemporâneo. Apresentar uma leitura fácil através de uma paginação estudada. Facilitar o acesso ao livro, por intermédio de vendas especiais, *website*, *marketing*, etc.
Transformar um livro técnico num produto atractivo.
Produzir um livro acessível e que, pelas suas características, seja **actual** e inovador no mercado.

Reuniões Eficazes

Larry Dressler

www.actualeditora.com
Lisboa — Portugal

Actual Editora
Conjuntura Actual Editora, S. A.
Rua Luciano Cordeiro, 123 - 1º Esq.
1069-157 Lisboa
Portugal

TEL: (+351) 21 319 02 40
FAX: (+351) 21 319 02 49

Website: www.actualeditora.com

Título original: *Consensus through Conversation – How to Achieve High-Commitment Decisions*
Copyright © Larry Dressler, 2006
Edição original publicada em 2006 pela Berrett-Koehler Publishers, Inc.

Edição Actual Editora – Outubro de 2008
Todos os direitos para a publicação desta obra em Portugal reservados
por Conjuntura Actual Editora, S. A.
Tradução: Marta Pereira da Silva
Design da capa e paginação: Fernando Mateus
Gráfica: Guide – Artes Gráficas, L.ᵈᵃ
Depósito legal: 283531/08

ISBN: 978-989-8101-40-2

Nenhuma parte deste livro pode ser utilizada ou reproduzida, no todo ou em parte, por qualquer processo mecânico, fotográfico, electrónico ou de gravação, ou qualquer forma copiada, para uso público ou privado (além do uso legal como breve citação em artigos e críticas) sem autorização prévia por escrito da Conjuntura Actual Editora.

Este livro não pode ser emprestado, revendido, alugado ou estar disponível em qualquer forma comercial que não seja o seu actual formato sem o consentimento da sua editora.

Vendas especiais:
O presente livro está disponível com descontos especiais para compras de maior volume para grupos empresariais, associações, universidades, escolas de formação e outras entidades interessadas. Edições especiais, incluindo capa personalizada para grupos empresariais, podem ser encomendadas à editora. Para mais informações contactar Conjuntura Actual Editora, S. A.

Índice

Prefácio de Pierre Gagnon	11
Preâmbulo	13
Introdução - As novas regras da tomada de decisão	15

1	**O que é o consenso?**	17
	Definição de consenso	18
	Crenças que orientam o consenso	19
	Escolher a abordagem certa na tomada de decisão	20
	Alternativas ao consenso	21
	Equívocos comuns	25
	O consenso em acção	27

2	**Como me preparar?**	29
	Determine se o consenso é apropriado	30
	Decida quem envolver na decisão	32
	Peça a ajuda de um facilitador competente	33
	Clarifique o âmbito e a autoridade do grupo	35
	Dê formação aos elementos do grupo	37
	Desenvolva uma agenda	38
	Reúna a informação relevante	41
	Comece a reunião da melhor maneira	42

3	**Quais são os passos básicos?**	47
	Passo Um: Defina o tema	48
	Passo Dois: Estabeleça os critérios de decisão	50
	Passo Três: Construa a proposta	51
	Passo Quatro: Teste o consenso	52
	Passo Cinco: Chegue a um acordo	53

4	**Como lidar com o desacordo?**	57
	Utilize cartões de consenso	59
	Expresse e resolva preocupações legítimas	60
	Lide com oposição ou "bloqueios"	62

5 Seis armadilhas que destroem o consenso **67**

Ausência de elementos em reuniões fundamentais 68

Elementos que dominam as atenções 69

Bloqueios obstrutivos 70

Pressão sobre elementos para que concordem (tácticas coercivas) 71

Cansaço e/ou frustração do grupo 72

Elementos silenciosos 73

6 Dez dicas para melhores reuniões de consenso **75**

Estabeleça regras-base claras 76

Utilize uma "memória de grupo" 77

Distinga critérios "necessidade" de "desejo" 77

Utilize silêncios e pausas 78

Atribua questões e tarefas para dividir grupos 78

Crie debates representativos 79

Organize os participantes 79

Faça um intervalo 80

Utilize as tecnologias com sensatez 80

Avalie a reunião 82

7 Rumo a decisões em que todos se comprometem **85**

Voltar às raízes do consenso 87

Recordar as vozes dos meus professores 88

Contactar com o meu objectivo e valores 89

Guia de recursos **92**

Sobre o autor **95**

Aos meus pais, Harold e Selma Dressler, que me ensinaram a alegria do diálogo animado (especialmente à mesa), o potencial que um indivíduo tem para fazer a diferença no mundo e as possibilidades criadas quando as pessoas se juntam para agir relativamente ao que é importante para elas.

Prefácio

DE PIERRE GAGNON
Antigo CEO da Mitsubishi Motors dos EUA

Os anos que passei na Saturn e na Mitsubishi ensinaram-me que a liderança inclusiva é uma das ferramentas mais poderosas no actual mundo dos negócios. O modelo de gestão de comando e controlo é agora obsoleto. No complexo ambiente de negócios de hoje, nunca houve uma necessidade tão grande de incluir os outros nas decisões críticas. Contudo, encontrei muito poucos líderes de negócios que se sentissem confortáveis com a noção de decidir através do consenso. Sentem que estão a abrir mão de poder e prestígio. Tendo utilizado a abordagem do consenso durante mais de uma década, acredito fortemente que a tomada de decisão através do consenso produz decisões com mais qualidade e de maior compromisso. Todavia, não é um processo fácil de implementar. Para o fazer funcionar, um líder tem de ter uma crença profunda e enraizada de que a participação mais alargada na tomada de decisão produz decisões com mais qualidade e uma execução incrivelmente mais rápida. Tive a sorte de aprender o processo na Saturn, mas foi na Mitsubishi que vivi verdadeiramente o poder inacreditável do consenso.

Quando cheguei à Mitsubishi em Abril de 1997, encontrei uma empresa fragmentada com uma identidade de marca pouco clara, uma qualidade de produto que era uma desilusão e uma relação de contenda com os vendedores. Não admira que a empresa tenha perdido dinheiro durante dez anos consecutivos na América do Norte. Fui informado um mês após juntar-me à empresa que a empresa-mãe japonesa estava seriamente a considerar sair da América. Será escusado dizer que se apoderou de mim um enorme sentido de urgência para alterar as bases do negócio nos EUA. Organizámos imediatamente 12 equipas de mudança para lidar com as áreas fundamentais do negócio, desde a qualidade do produto ao desenvolvimento da marca. Eu precisava urgentemente de alavancar ao máximo os talentos dos melhores e mais brilhantes na organização. Tinha de os tornar parte da solução e não parte do problema. Precisava do seu empenho para conseguir executar com mais rapidez. Estávamos a ficar sem tempo. Foi então que me apresentaram Larry Dressler. Este autor foi incansável e imparável a ajudar-nos a implementar um processo de tomada de decisão através do consenso.

Na nossa primeira sessão com o Conselho Regional de *Marketing*, levámos 36 horas a conseguir chegar a um consenso numa direcção completamente nova. Larry foi extremamente competente a facilitar toda a sessão. Conseguiu extrair as melhores ideias e inspirar todos a procurar o melhor resultado possível para a empresa. Revelou agendas escondidas, delineou propostas e conduziu-nos ao consenso. Isto resultou num grande nível de compromisso e o resto é história. Olhando para trás, foi a nossa sessão mais difícil de todo o processo de mudança. Posteriormente, Larry implementou o modelo de decisão através do consenso em todas as 12 equipas de mudança e na recentemente constituída Comissão de Aconselhamento ao Vendedor Nacional*. Foi extraordinário observar o processo em funcionamento. Ao reunir as pessoas certas na sala para que dialogassem de forma adequada e fossem para além do acordo até ao verdadeiro compromisso conjunto, experienciámos o poder da construção de consenso. Posteriormente, as operações da Mitsubishi Motors na América do Norte obtiveram recordes nos lucros durante cinco anos consecutivos, aumentaram as receitas em 94 por cento e estabeleceram os melhores níveis de vendas e de quota de mercado de todos os tempos. Passámos da tomada de decisão num vácuo e do funcionamento em "silos" para uma empresa unificada, alinhada, eficaz e lucrativa.

O livro *Reuniões Eficazes* foi escrito por um autor que tem uma verdadeira experiência de planeamento e implementação de um processo de tomada de decisão através do consenso numa grande empresa do ramo automóvel e em vários outros sectores. Além de compreender totalmente o conceito, Larry Dressler sabe o que é preciso para implementar o processo numa situação verdadeira. Oferece-lhe um processo completo e passo a passo para implementar com eficácia a tomada de decisão através do consenso na sua organização.

Se procura decisões de elevada qualidade, mais confiantes, execução mais rápida e maior compromisso, então este processo é para si. Tenho esperança de que, ao ler este livro, consiga fazer mais do que criar reuniões eficazes e tomar melhores decisões através de um diálogo com significado. Espero que utilize os princípios e as práticas descritos neste livro para alterar a partir da base a cultura na sua organização ou comunidade. Irá fazê-lo sobressair do resto da multidão.

---

* **N. T.** No original, *National Dealer Advisory Board*.

Preâmbulo

Se é consultor, gestor, facilitador de reuniões, líder de equipa, organizador da comunidade ou simplesmente alguém que está envolvido em muitas decisões de grupo, o livro *Reuniões Eficazes* foi escrito para si.

Escrevi este livro com base numa série de premissas importantes. Primeiro, o consenso é mal compreendido, pouco utilizado e por vezes é um método mal aplicado para tomadas de decisão inclusivas. Segundo, o consenso é mais eficaz quando todos os participantes compreendem os princípios e práticas fundamentais. Terceiro, construir consenso em grupos envolve um conjunto de ideias e competências que podem ser aprendidas e que não necessitam de um *workshop* de uma semana para serem dominadas. Quarto, e talvez mais importante, a construção de consenso não é uma competência reservada a líderes e profissionais de topo. Por definição, o consenso é para todos e qualquer um o pode aprender.

O livro *Reuniões Eficazes* é uma referência portátil e fácil de ler que o ajuda a facilitar e a participar em processos de tomada de decisão através do consenso. Contém os princípios e os métodos básicos para fazer com que o consenso funcione, quer seja na sala de reuniões do conselho de administração de uma empresa ou no espaço de reuniões de uma comunidade. Este livro foi elaborado como um complemento dos *Cartões de Consenso**, uma ferramenta que desenvolvi para ajudar grupos a tomar decisões baseadas no consenso. O livro pode ser utilizado por si só ou em conjunto com esta ferramenta.

Não é um guia global para a facilitação eficaz de reuniões. Está escrito para aqueles que estão a participar num tipo de reunião específico – em que tem de ser tomada uma decisão de consenso. Embora a implementação das dicas e métodos descritos neste livro vá, sem dúvida, melhorar a maioria das reuniões, estou concentrado em ajudá-lo a criar processos eficazes de tomadas de decisão através do *consenso*. Se está à procura de referências mais globais sobre como conduzir melhor reuniões, poderá encontrar algumas das minhas preferidas no Guia de Recursos que se encontra no final deste livro.

---

* **N. T.** No original, *Consensus Cards*™.

> O consenso pode ser uma ferramenta poderosa e transformadora. Contudo, não é de forma alguma uma panaceia que irá transformar a sua organização num mundo perfeitamente democrático ou até utópico.

A sua função enquanto líder será decidir quando e onde utilizar uma abordagem baseada no consenso (ver Linhas de Orientação nas páginas 18 e 19).

Como consultor de mudança organizacional, frequentemente aprendo tanto com os meus clientes como lhes ensino. Quem me ensinou mais sobre como é realmente o consenso em acção foi o executivo da indústria automóvel Pierre Gagnon. Como Pierre descreve no Prefácio, ele trouxe a tomada de decisão baseada no diálogo da Saturn Motors para a Mitsubishi, onde desempenhou o cargo de CEO. Pierre não se limita a utilizar o consenso como uma ferramenta; ele parte da crença fundamental de que a participação produz decisões de qualidade mais elevada e de maior compromisso.

Para mim, *fazer* o trabalho de construção de consenso é bastante mais fácil do que escrever sobre ele. O meu segredo para escrever foi rodear-me de quem pensa com clareza, dá *feedback* extremamente honesto e é um escritor competente. Pelos seus bons conselhos e colaboração, quero agradecer a Angela Antenore, Tree Bressen, Mary Campbell, Sherri Cannon, Jane Haubrich Casperson, Marcia Daszko, Susan Ferguson, Katrina Harms, Sandy Heierbacher, Diana Ho, Peggy Holman, Brian Ondre, Diane Robbins, Arnie Rubin, Hal Scogin, Kathe Sweeney, Annie Tornick, Johanna Vonderling e Melissa Weiss. Quer enfrentasse a tarefa assustadora de escrever ou o por vezes extenuante trabalho de ajudar grupos a alcançar o consenso, no final do dia podia sempre voltar para casa para junto da minha mulher, Linda Smith, que é a minha supervisora, apoiante e inspiração mais sólida. A todos eles, muito obrigado! As vossas marcas estão por todo o livro.

Tenho dedicado a minha carreira a ajudar os outros a conseguirem diálogos que resultem em decisões com elevada qualidade, mais confiança, maior compromisso e verdadeira aprendizagem. Pela minha experiência, a utilização correcta do consenso proporciona estes resultados. À medida que for lendo este livro, espero que comece a reconhecer mais oportunidades para a utilização de ferramentas de consenso na sua organização e comunidade.

Larry Dressler
Boulder, Colorado, EUA
Julho de 2006

Introdução

AS NOVAS REGRAS DA TOMADA DE DECISÃO

> *Pensa que por compreender UM compreende DOIS, pois um e um são dois. Mas tem de compreender o E.*
>
> Provérbio sufi

Para os líderes de hoje, compreender o "E" significa descobrir o poder de colocar na mesma sala as pessoas certas no momento certo para o diálogo certo. Compreender o "E" significa que há momentos em que ganha influência, credibilidade e compromisso ao incluir outros em decisões fundamentais. Compreender o "E" significa abraçar a ideia de que perspectivas múltiplas, e por vezes contrárias, podem ser combinadas de forma criativa para se alcançar soluções revolucionárias.

"E" tem que ver com liderança inclusiva - a arte de trazer várias vozes para a mesa e ver o que pode ser aprendido e alcançado. No passado, uma forma mais inclusiva de liderança e de tomada de decisão era uma escolha filosófica. Actualmente, é um imperativo dos negócios. Em todos os aspectos da vida organizacional a tomada de decisão colectiva tornou--se a regra e não a excepção. Vejamos algumas das razões por que isso se está a tornar cada vez mais verdade.

- Organizações hierárquicas estão a ser substituídas por redes planas. O modelo organizacional "líder como cérebro, colaboradores como corpo" está obsoleto. Os líderes reconhecem que no actual ambiente complexo e em mudança raramente se tem mais vantagens do que outros no "mercado" do conhecimento e do discernimento.
- A tecnologia colocou a informação nas mãos daqueles que mais precisam dela - especialmente os que se encontram nas linhas da frente. Decisões bem informadas têm de incluir a perspectiva de quem tem a experiência em primeira mão.

- As questões que as organizações e as comunidades enfrentam são cada vez mais complexas. A única forma de ultrapassar a complexidade é testar as implicações e os impactos das nossas soluções, tendo por base um vasto conjunto de recursos e perspectivas. Quando não conseguimos envolver as partes interessadas* correctas, criamos muitas vezes problemas que são maiores do que o problema original que estávamos a tentar resolver.
- Uma nova geração de trabalhadores do conhecimento está a abandonar as suas organizações. Querem ser incluídos. Querem influenciar decisões que tenham impacto no seu trabalho. Se não o conseguem, pegam nas suas competências e conhecimento e levam-nos para outro lado.
- A capacidade de *implementar* uma decisão rapidamente é tão importante como a agilidade para *tomar* a decisão. Uma implementação rápida é determinada pelo quanto os outros compreendem e apoiam a decisão. A participação acelera a execução.

Face a estas tendências, o consenso tornou-se uma abordagem cada vez mais comum para a tomada de decisão em organizações. À medida que caminha no sentido de uma liderança mais inclusiva, o consenso é uma das ferramentas estratégicas que irá querer ter no seu repertório.

---

* **N. T.** No original, *stakeholders*.

(1)
O que é o consenso?

Neste capítulo irá aprender:

- o que é o consenso e quando o utilizar
- formas alternativas de tomada de decisão

Durante os últimos 15 anos, a maior parte do meu trabalho enquanto consultor tem sido baseada numa única ideia:

A verdadeira mudança não acontece por decreto, pressão, permissão ou persuasão. Acontece através de pessoas que estão apaixonadas e pessoalmente comprometidas para com uma decisão ou direcção que ajudaram a criar.

Se quiser tornar os cépticos e os que estão ligados à sua organização em donos, dê-lhes uma voz significativa nas decisões que tenham impacto no seu trabalho. Quando as pessoas são convidadas a reunir-se para partilhar as suas ideias, preocupações e necessidades, tornam-se interessadas. Passam de recipientes passivos de instruções para defensores comprometidos para com as decisões. É este o poder da decisão conjunta.

DEFINIÇÃO DE CONSENSO

O *consenso* é um processo de cooperação no qual todos os elementos do grupo desenvolvem e concordam apoiar uma decisão que é do melhor interesse do conjunto. No consenso, o *input* de cada elemento é cuidadosamente ponderado e há um esforço de boa-fé para responder a todas as preocupações legítimas.

> Alcança-se o consenso quando todos os envolvidos na decisão possam dizer: "Acredito que esta é a melhor decisão a que podemos chegar para a organização neste momento e vou apoiar a sua implementação."

O que é que torna o consenso uma ferramenta tão importante? Limitar-se a *concordar* com a proposta não é um verdadeiro consenso. Este implica *compromisso* para com uma decisão. Quando elementos de um grupo se comprometem para com uma decisão obrigam-se a fazer a sua parte para colocar essa decisão em prática.

O consenso também é um processo de descoberta no qual se tenta combinar a sabedoria colectiva de todos os participantes na melhor decisão possível.

O consenso não é apenas outra abordagem à tomada de decisão. Não é uma decisão unânime em que são satisfeitas as preferências pessoais de todos os elementos do grupo. O consenso também não é um voto da maioria em que um segmento maior do grupo toma a decisão. O voto por maioria identifica alguns indivíduos como "vencedores" e outros como "vencidos". No consenso todos ganham, porque são atendidos os interesses partilhados.

Por fim, o consenso não é uma táctica coerciva ou manipuladora para levar os elementos do grupo a obedecerem a uma decisão preestabelecida. O objectivo do consenso não é *parecer* participativo. É *ser* participativo. Quando os elementos se submetem a pressões ou autoridade sem concordarem realmente com uma decisão, o resultado é um "falso consenso" que, em última análise, conduz a ressentimento, cepticismo e inacção.

CRENÇAS QUE ORIENTAM O CONSENSO

Como qualquer método de tomada de decisão, o consenso baseia-se numa série de crenças importantes. Antes de utilizar o consenso, tem de se perguntar e aos elementos do grupo: "Estas crenças são consistentes com quem nós somos ou aspiramos ser enquanto organização?"

Há quatro crenças básicas que orientam qualquer processo de construção de consenso.

Procura cooperante de soluções

O consenso é uma procura cooperante de *soluções de base comum* e não um esforço competitivo para convencer outros a adoptar uma determinada posição. Para isso é necessário que os elementos do grupo se sintam comprometidos para com uma finalidade comum. Os elementos do grupo têm de estar dispostos a desistir da "propriedade" das suas ideias e permitir que elas sejam aperfeiçoadas à medida que são colocadas na mesa preocupações e perspectivas alternativas. Os grupos de consenso estão no seu melhor quando participantes individuais conseguem expressar as suas perspectivas eficazmente e não defendem de forma invejosa a sua posição como a "única solução correcta".

O desacordo como uma força positiva

O desacordo construtivo e respeitoso é encorajado de forma activa. Espera-se que os participantes expressem diferentes pontos de vista, critiquem ideias e apresentem preocupações legítimas para fortalecer uma proposta. No consenso, utilizamos a tensão criada pelas nossas diferenças para irmos em direcção a soluções criativas – e não a padrões menores ou mediocridade.

Todas as vozes contam

O consenso procura equilibrar diferenças de poder. Porque o consenso necessita do apoio de todos os elementos do grupo, os indivíduos têm grande influência nas decisões, independentemente do seu estatuto ou autoridade dentro do grupo.

> No consenso, é responsabilidade do grupo garantir que ideias, questões e preocupações legítimas sejam expressas e tidas totalmente em consideração, independentemente da sua origem.

Decisões no interesse do grupo

Com a influência vem a responsabilidade. No consenso, aqueles que tomam decisões concordam deixar de lado as suas preferências pessoais para apoiar a finalidade, os valores e os objectivos do grupo. As preocupações, preferências e valores individuais podem e devem fazer parte do discurso, mas no final a decisão tem de ir ao encontro dos interesses colectivos.

É possível que um elemento individual do grupo esteja em desacordo com determinada decisão, mas concorde em apoiá-la porque:

- O grupo fez um esforço de boa-fé para responder a todas as preocupações apresentadas.
- A decisão serve a finalidade, os valores e os interesses actuais do grupo.
- O indivíduo consegue aceitar a decisão tomada, apesar de não ser a sua primeira escolha.

ESCOLHER A ABORDAGEM CERTA NA TOMADA DE DECISÃO

Utilizar o consenso para uma determinada decisão é uma escolha tão filosófica como pragmática, geralmente tomada por líderes formais. Alguns líderes acreditam que é possível e desejável utilizar o consenso em todas as decisões (por exemplo "somos uma organização de consenso").

Acredito que a pertinência do consenso enquanto método de decisão é situacional. O consenso tem mais sucesso quando estão presentes algumas condições. Enquanto líder ou facilitador do processo de decisão, é sua função avaliar se está ou não presente a combinação correcta de condições para apoiar a abordagem.

O consenso pode ser a abordagem mais lógica e sensata quando:

- For uma decisão com muito em risco e que, se tomada de forma errada, poderá fragmentar a sua equipa, projecto, departamento, organização ou comunidade.
- A solução for impossível de implementar sem um forte apoio e cooperação daqueles que têm de o fazer.
- Nenhum indivíduo na sua organização ou grupo tiver autoridade para tomar a decisão.
- Nenhum indivíduo na sua organização ou grupo tiver o conhecimento necessário para tomar a decisão.
- Os elementos envolvidos na decisão tiverem perspectivas muito diferentes que precisam de ser reunidas.
- For necessária uma solução criativa e multidisciplinar para responder a um problema complexo.

Pelo contrário, o consenso poderá não ser a abordagem mais lógica quando:

- A decisão for um *facto consumado* – ou seja, quando já tiver sido tomada, mas houver um desejo de criar a aparência de participação.
- Tomar a decisão rapidamente for mais importante do que incluir informação mais abrangente e mobilizar apoio para a implementação.
- Indivíduos ou grupos essenciais para a qualidade da decisão ou para a credibilidade do processo de tomada de decisão não estiverem disponíveis ou se recusarem a participar.
- A decisão não for suficientemente importante para garantir o tempo e a energia necessários ao processo de consenso.

ALTERNATIVAS AO CONSENSO

Se o seu objectivo é envolver as partes interessadas numa decisão, o consenso não é a única abordagem disponível. Observemos de forma breve algumas das formas de tomar decisões em grupo.

Para ajudar a ilustrar cada uma destas abordagens, vejamos uma situação comum.

Eu e a minha mulher, Linda, vamos jantar no sábado à noite com dois outros casais. Todos temos as nossas preferências e necessidades especiais relativamente ao que iremos comer. Temos uma finalidade comum, que é passarmos o serão juntos em torno de uma refeição agradável.

Voto unânime

Todos os elementos do grupo, sem excepção, conseguem a sua "primeira escolha". Por outras palavras, as preferências individuais de todos os elementos são satisfeitas.

Sugiro o restaurante de sushi e todos os outros cinco elementos dizem que sushi também era a sua primeira escolha. Todos ficam a ganhar!

Prós: Quando os interesses dos elementos individuais são perfeitamente coincidentes com os interesses partilhados, não há lados negativos. As necessidades de todos os elementos são completamente satisfeitas e, portanto, é provável que todos os elementos se sintam totalmente comprometidos para com a decisão.

Contras: É difícil alcançar a verdadeira unanimidade, se não mesmo impossível, na maioria das decisões.

Voto por maioria

Os elementos do grupo concordam em adoptar a decisão que a maioria (ou alguma determinada percentagem do grupo) queira apoiar.

Quando lhes foi perguntado, quatro dos seis amigos quiseram comida chinesa e dois preferiram comida mexicana. A minoria concorda em ir comer ao restaurante chinês. Não gosto de comida chinesa, mas um voto é um voto. Para mais, temos de nos despachar para a sessão de cinema às 20h00, por isso não temos muito tempo para ficar a discutir onde comer.

Prós: O voto por maioria é particularmente útil quando as pressões para tomar uma decisão rápida ultrapassam a necessidade de responder a todas as preocupações ou de estar completamente de acordo. Uma massa crítica de apoio para algumas decisões é muitas vezes adequada para assegurar uma implementação eficaz.

Contras: Muitas vezes o grupo em minoria sente-se "roubado" e, consequentemente, não muito comprometido para com a decisão final, especialmente se esse mesmo grupo se encontrar muitas vezes na parte vencida da votação. Quando esta dinâmica é colocada em prática, as organizações correm o risco de se fragmentar, porque as decisões não têm o apoio de uma parte importante e que, muitas vezes, expressa a sua opinião.

Na melhor das hipóteses, as decisões por maioria geram a probabilidade de criar um subgrupo de seguidores não comprometidos. Na pior, estas decisões podem resultar numa resistência activa e mesmo em sabotagem.

Alguns grupos utilizam o voto por maioria como um método de recurso no caso de não se conseguir alcançar um consenso. Chamo a atenção dos líderes contra isso, porque enfraquece o espírito de consenso e diminui a motivação dos elementos para trabalhar em direcção a soluções de base comum (por exemplo: "Se tenho uma posição de maioria, por que motivo deveria trabalhar para o consenso se sei que a decisão irá acabar por ser tomada numa votação que irei vencer?").

Compromisso

Todos os elementos do grupo desistem de um interesse importante para que se alcance uma decisão que satisfaça *parcialmente* as necessidades de todos. Quando se utiliza o compromisso ninguém fica com a sua primeira escolha, mas todos ficam com algumas das suas necessidades satisfeitas.

Três elementos do grupo querem comida chinesa, um quer comida do Médio Oriente e dois preferem comida mexicana. Decidimos ir à área de restauração do centro comercial. Todos podem comer a comida da sua preferência, mas ninguém fica satisfeito com o sabor ou o ambiente.

Prós: O compromisso pode ser mais eficiente do que o consenso. Todos os elementos obtêm algo de que necessitam e estão dispostos a fazer um *trade-off* com outras preocupações ou necessidades menos importantes.

Contras: O compromisso concentra-se em *trade-offs* em vez de numa busca criativa de uma "terceira via" para satisfazer as necessidades e preocupações de todo o grupo. Geralmente ninguém obtém o que realmente queria.

Delegar a decisão num líder ou especialista

Um elemento autorizado do grupo toma uma decisão final, quer com ou sem consulta aos outros envolvidos na decisão. Este método é algumas vezes utilizado como uma abordagem de recurso se não se conseguir alcançar o consenso.

Visto que esta semana é o aniversário de Jim, vamos deixá-lo escolher o restaurante. Faz um pequena sondagem pelo grupo, obtém feedback de algumas ideias suas e decide que vamos ao restaurante francês.

Prós: Uma abordagem de tomada de decisão individual pode ser mais eficiente do que o consenso, pois a decisão final envolve menos pessoas. Delegar num indivíduo é particularmente apropriado quando a necessidade de uma acção rápida e decisiva ultrapassa qualquer desejo de exploração de ideias ou de acordo de todo o grupo. Utilizar a autoridade de um especialista é útil quando há uma falta de experiência ou de conhecimento sobre o assunto na sua organização e o grupo está disposto a delegar num indivíduo com grande conhecimento. Por fim, esta abordagem pode ser utilizada eficazmente em questões para as quais há várias boas soluções alternativas, todas aceitáveis.

Contras: Os decisores individuais podem não consultar partes interessadas com conhecimento e ideias relevantes. Podem perder informação importante que iria conduzir a uma decisão melhor e a uma implementação mais eficaz. Com decisões hierárquicas, há também o risco de não se ficar com um sentimento de posse sobre a solução a implementar.

Consenso

Como é que se pode lidar com a decisão sobre o restaurante através de uma abordagem baseada no consenso? Vejamos um possível cenário:

Quatro dos amigos dizem que gostariam de comer comida tailandesa. Discutimos esta preferência e descobrimos que eles apreciam comida picante com caril. Mas a minha mulher, Linda, tem uma grave alergia a amendoins e os restaurantes tailandeses costumam ter muitos amendoins na cozinha. É demasiado arriscado para nós. Alguém sugere o restaurante coreano de grelhados, mas Melissa rejeita a ideia. Perguntamos-lhe quais são as suas preocupações e ela declara que é vegetariana. Jim sugere um novo restaurante indiano vegetariano na cidade. Isto satisfaz as necessidades dos nossos amigos "picante e caril" e também resolve as preocupações de Linda e de Melissa.

Prós: O consenso cria quase sempre níveis altos de compromisso e acelera a implementação, pois os obstáculos mais difíceis foram antecipados e todas as partes interessadas essenciais estão de acordo.

Contras: A decisão propriamente dita pode demorar um pouco mais a ser tomada, principalmente quando há perspectivas fortemente enraizadas e os elementos do grupo têm menos experiência na utilização deste método.

EQUÍVOCOS COMUNS

Antes de terem uma experiência directa com o consenso, muitos dos meus clientes, especialmente grandes empresas, resistiam à utilização desta abordagem. Preocupava-os que isso atrasasse decisões que precisavam de ser tomadas rapidamente. Também estavam preocupados com o facto de que, se o consenso fosse utilizado para algumas decisões, os colaboradores iriam esperar ter uma palavra a dizer em *todas* as decisões. Os equívocos sobre o consenso são muitos, especialmente no mundo dos negócios. Vamos observar de forma mais sistemática alguns receios comuns que se tem relativamente ao consenso.

O consenso demora muito tempo

A rapidez é muitas vezes um factor importante na tomada de decisão. Ao considerar o factor tempo, certifique-se de que se interroga se realmente precisa de decidir rapidamente *ou* implementar rapidamente.

> Uma decisão rápida tomada por um indivíduo ou através de voto por maioria pode ser eficiente, mas também pode resultar numa implementação mais lenta devido a resistência ou consequências não antecipadas. Muitos líderes que utilizaram o consenso diriam: "Independentemente do tempo que perdemos durante a nossa fase de tomada de decisão, ganhámo-lo na fase de implementação."

Não se pode negar que o consenso pode demorar mais tempo do que outros processos de decisão, mas não precisa de ser um processo difícil. Com a prática, um processo bem planeado e grupos de facilitação competentes podem encaminhar-se na direcção de decisões de consenso com relativa rapidez.

As soluções irão tornar-se mais fracas

Uma preocupação relativamente ao consenso é que as decisões resultantes sejam medíocres ou pouco inspiradas, porque foram enfraquecidas por cedências necessárias para garantir o apoio de todos os elementos do grupo. Um processo de consenso eficaz não faz cedências em critérios essenciais para decisões. Procura encontrar soluções que abarquem completamente os critérios e objectivos do grupo, indo ao encontro das preocupações de elementos individuais.

Indivíduos com agendas pessoais irão "raptar" o processo

Em qualquer processo de grupo há a possibilidade de que um elemento disfuncional ou agitador externo possa minar o processo de decisão. Regras-base preestabelecidas, uma facilitação forte e uma distinção clara entre "bloqueios" legítimos e ilegítimos de uma decisão são essenciais para evitar que tal aconteça. Como irá aprender em capítulos posteriores, o processo eficaz de consenso oferece-nos maneiras para nos "afastarmos" quando temos preocupações mas não sentimos a necessidade de adiar a decisão.

Os gestores e os líderes formais irão perder a sua autoridade

Os gestores preocupam-se muitas vezes com o facto de que concordarem com um processo de consenso significa desistirem da sua capacidade de influência na decisão final. Interrogam-se: "Estarei a abdicar do meu papel de líder se utilizar o consenso?" Há uma diferença entre liderança *laissez-faire*, que muitas vezes parece uma abdicação, e liderança participativa, que requer o empenho total do líder. No consenso, os líderes formais são elementos iguais dentro do grupo de decisão. Como qualquer outro elemento, podem travar uma proposta se não se sentirem confortáveis com a solução. Um modelo alternativo da utilização do consenso é o grupo apropriado de partes interessadas fazer uma recomendação baseada no consenso à gestão para aprovação final.

"Propriedade partilhada" resulta em nenhuma responsabilização

A preocupação é que ninguém assuma a responsabilidade de implementar uma decisão baseada no consenso, porque é uma decisão de grupo e não uma decisão pessoal. Contudo, nenhum elemento do grupo é anónimo ou invisível no consenso – muito pelo contrário. O verdadeiro consenso requer que todos os participantes declarem publicamente não apenas o seu acordo com uma proposta, mas a sua "propriedade" total da decisão.

O CONSENSO EM ACÇÃO

O consenso pode ser utilizado em várias situações e ambientes. A diversidade de grupos que podem beneficiar com o consenso é extraordinária. Os Quakers* têm usado o consenso como forma de tomar decisões há mais de três séculos. Um grande conjunto de organizações adoptaram e modificaram o consenso como forma de chegar a decisões unificadas, incluindo organizações contemporâneas como a Saturn Motor Corporation, o exército norte-americano e a Levi Strauss & Co. Seguem-se alguns exemplos verdadeiros de consenso em acção. Estes exemplos demonstram que o consenso pode ser eficaz em grandes empresas, organizações sem fins lucrativos, agências governamentais e reuniões das bases da comunidade.

Criar uma visão estratégica
Um fabricante de brinquedos líder de mercado reúne líderes dos seus escritórios em Los Angeles e Hong Kong, para delinear uma visão de longo alcance para o sucesso numa indústria em rápida mudança. Não há caminhos óbvios em direcção à visão. O CEO está à procura do melhor pensamento do grupo. A nova visão irá obrigar a mudanças significativas em quase todos os sectores da empresa, assim como a um nível elevado de compromisso por parte dos líderes na sala. O grupo utiliza o consenso para garantir que todas as perspectivas são ouvidas e para confirmar o compromisso de todos os elementos da equipa.

Decidir como um conselho
Um supermercado detido por vários elementos e gerido de uma forma cooperativa é governado por um conselho de administração. Os membros do conselho de administração, assim como as suas subcomissões, são eleitos para representar vários constituintes, incluindo compradores, colaboradores e gestores de loja. Para tomarem decisões relativas a políticas e a *merchandising* que sejam um reflexo da totalidade dos membros, estes grupos de governação recorrem à tomada de decisão baseada no consenso. O consenso permite que o mercado cooperativo alcance decisões criativas que satisfaçam simultaneamente interesses financeiros, de serviço ao cliente, ambientais e de responsabilidade social.

---

* **N. T.** Grupo religioso cristão que existe desde o século XVII.

Mobilizar o apoio para a mudança organizacional

Um fabricante automóvel multinacional cria 12 equipas interfuncionais diferentes que têm a missão de revitalizar áreas fundamentais da empresa, desde a identidade da marca à qualidade da produção. As equipas incluem executivos de topo, donos de empresas de distribuição e colaboradores da linha da frente de toda a empresa. Cada grupo trabalha com um facilitador externo para formular recomendações para o Conselho Consultivo Nacional, que é constituído por executivos da empresa e donos de *franchises*. As recomendações com base no consenso resultam numa rápida aprovação e numa implementação célere.

Desenvolver as políticas públicas

Um governador norte-americano constituiu uma *task force* especial com a função de recomendar uma estratégia de habitação completa para os trabalhadores agrícolas daquele Estado. Entre os elementos da *task force* incluíam-se representantes dos donos das propriedades, trabalhadores agrícolas, promotores de habitação e várias agências governamentais. Algumas destas partes tinham uma longa história de conflitos, mas reuniram-se pois esta era uma oportunidade única de obter financiamento público significativo. O governador deixou bem claro que uma recomendação apoiada por todas as partes teria mais peso do que propostas concorrentes de diferentes grupos de interesse. O processo de consenso permitiu uma solução que teve em consideração as muitas perspectivas importantes presentes na sala, mas também percorreu um longo caminho em direcção à criação de confiança entre os representantes das várias partes interessadas.

Como pode ver pelos exemplos, o consenso pode ter sucesso em diversos locais e situações. Um passo crucial em todos estes casos é uma consideração cuidadosa de que o consenso é a melhor forma de tomar a decisão. Passemos agora para os outros "blocos de construção" que preparam a base para uma tomada de decisão eficaz através do consenso.

(2)
Como me preparar?

Neste capítulo irá aprender:

- o que fazer antes de iniciar uma reunião
- quem deverá estar envolvido na tomada de decisão

Relativamente à tomada de decisão em grupo, muito do que determina o sucesso acontece antes de alguém entrar na sala de reuniões. Os oito "blocos de construção" descritos neste capítulo constituem as fundações de um processo de consenso de sucesso. São eles:

- Determine se o consenso é apropriado.
- Decida quem envolver na decisão.
- Peça a ajuda de um facilitador competente.
- Clarifique o âmbito e a autoridade do grupo.
- Dê formação aos elementos do grupo.
- Desenvolva uma agenda.
- Reúna a informação relevante.
- Comece a reunião da melhor maneira.

DETERMINE SE O CONSENSO É APROPRIADO

O consenso é um veículo para se chegar a um destino específico. Neste caso, esse destino é uma decisão de elevada qualidade com a qual as partes interessadas fundamentais estejam comprometidas. Escolher o veículo certo para o levar ao seu destino tem muito que ver com o terreno. No caso da tomada de decisão, o terreno é caracterizado principalmente por crenças partilhadas do grupo e a determinação dos detentores formais do poder.

Como é que determina se o consenso é o método certo para o seu processo de decisão? Primeiro, volte às duas listas da secção "Escolher a abordagem certa na tomada de decisão", nas páginas 20 e 21, para determinar quando é que o consenso faz e quando não faz sentido. Segundo, avalie se o grupo está pronto ao colocar a seguintes questões:

- Os participantes na decisão sentem que está verdadeiramente algo em jogo na decisão?
- Os participantes na decisão partilham um objectivo e valores comuns?
- Os participantes na decisão confiam uns nos outros ou têm vontade de criar essa confiança?
- Todos os participantes estão dispostos a colocar os interesses do grupo acima dos seus próprios interesses e preferências pessoais?
- É possível criar um ambiente de reunião em que todos partilhem as suas ideias e opiniões livremente?
- Os líderes formais estão preparados para concordar com a decisão do grupo nesta situação?

- Os elementos estão dispostos a despender o tempo que for preciso para que se chegue à melhor decisão?
- A informação necessária para se tomar a decisão pode ser partilhada com todos os elementos do grupo?
- Os participantes na decisão são capazes de escutar bem e considerar diferentes pontos de vista?
- Os participantes têm competências de comunicação básicas, lógicas e de grupo ou estão, pelo menos, abertos à ajuda de um facilitador competente?

Outro aspecto importante a ter em consideração relativamente a se o grupo ou organização está pronto para o consenso é a disposição dos líderes formais e informais para terem um "voto" que não é mais importante do que o de qualquer outra parte interessada. Quando falo com líderes que estão a considerar utilizar o consenso na sua equipa pela primeira vez, muitas vezes descrevo assim o que está em jogo:

"A sua escolha em utilizar o consenso significa que estará a influenciar o diálogo baseando-se no mérito das suas ideias e não na posição que ocupa. Isto significa que tem de estar disposto a deixar o seu título à porta, assim como todos os outros elementos da equipa. Pense bem antes de decidir utilizar o consenso, pois não há forma mais rápida de criar cepticismo do que modificar ou vetar uma decisão de consenso. Também tem muito a ganhar com a utilização deste método, incluindo um nível elevado de motivação, empenho e implementação rápida."

Conforme sugerido por algumas das questões enumeradas anteriormente, é importante ter-se em consideração o nível de competência do grupo. O consenso envolve uma variedade de competências fundamentais, sendo a mais importante a audição. Embora qualquer um consiga aprender competências de construção de consenso, é importante compreender até que ponto é provável que a curva da aprendizagem seja inclinada para um determinado grupo. Verifiquei que muitas vezes os participantes encaram o consenso como um processo de recordação de competências antigas e não de aprendizagem de novas. Os maus hábitos desaparecem rapidamente quando os bons são recompensados por um processo de tomada de decisão satisfatória e eficaz.

DECIDA QUEM ENVOLVER NA DECISÃO

Como é que decide quem envolver na decisão? Em que é que um líder se baseia para tomar essas decisões? Apresento-vos algumas perguntas úteis que o irão ajudar a determinar os elementos apropriados para o grupo:

- Quem é que será mais afectado pela decisão?
- Quem é que será responsável por implementar a decisão?
- Precisa-se do apoio de quem para implementar a decisão?
- Que perspectivas de grupo ou de partes interessadas importantes devem estar representadas?
- Quem é que possui informação, experiência ou competência relacionada com este assunto?
- Quem é que tem de estar envolvido para tornar credíveis as decisões resultantes deste processo?

À medida que identifica aqueles que devem estar envolvidos na decisão, irá querer considerar diferentes tipos de papéis. Apresento aqui algumas formas comuns de distinguir os papéis que podem ser desempenhados no processo de tomada de decisão.

Líder do grupo. Numa organização ou grupo hierárquico, o líder é geralmente aquele que dá início ao processo de tomada de decisão e quem concedeu poderes ao grupo para tomar uma decisão baseada no consenso.

Supervisor da decisão. Quando não houver um indivíduo directamente responsável pela decisão, é útil designar alguém para orientar o decorrer do processo. Um supervisor da decisão pode ou não fazer parte do grupo de tomada de decisão. Este indivíduo é o patrocinador e coordenador oficial do processo dentro de uma comunidade ou organização.

Decisores. Estes elementos do grupo estão autorizados a aprovar a proposta ou recomendação que surja do grupo. Sem o acordo de todos os decisores, não há decisão.

Conselheiros. Estes trazem informação ou experiência importante para o grupo, mas poderão não estar fortemente envolvidos na decisão e não ter "direito de voto". Os elementos conselheiros podem incluir consultores e especialistas externos.

Observadores. Os observadores assistem ao processo mas não contribuem para a discussão ou decisão. Geralmente espera-se que os observadores se mantenham silenciosos durante a/as reunião/reuniões.

Suplentes. Nos casos em que os processos de decisão possam durar vários meses, é útil haver suplentes que assistam a todas as reuniões como observadores. Se aquele que o suplente representa faltar, este assume a autoridade de decisor.

PEÇA A AJUDA DE UM FACILITADOR COMPETENTE

O facilitador é uma parte objectiva e neutra que está lá para o ajudar a navegar através do processo de consenso. Um facilitador eficaz ajuda o seu grupo a tomar decisões que reflectem verdadeiramente a vontade partilhada dos seus elementos. Compreende o que tem de acontecer para que se alcance o consenso e ajuda o grupo a aumentar a sua capacidade de tomar decisões baseadas no consenso. Um facilitador não deve estar pessoalmente envolvido na decisão ou, pelo menos, deve estar disposto a não transmitir visões pessoais aos elementos do grupo.

> No consenso, uma boa facilitação pode significar a diferença entre os participantes deixarem a reunião cheios de energia e comprometidos para com o futuro, ou a sentirem-se cansados, frustrados e derrotados.

O facilitador do consenso desempenha um papel activo antes da reunião, ajudando o grupo a elaborar o processo de consenso em geral. Em organizações hierárquicas, como a maioria das empresas, um facilitador eficaz trabalha de perto com o líder do grupo na articulação dos objectivos da reunião, na elaboração de agendas e na clarificação dos parâmetros da decisão. Durante a reunião, o facilitador identifica temas comuns, ajuda os participantes a sintetizar ideias e cria oportunidades para que se expressem preocupações e diferenças.

Algumas das funções desempenhadas por um facilitador experiente incluem:

- trabalhar com o líder e os elementos do grupo na identificação dos objectivos da reunião e dos temas da agenda;

(34) Reuniões Eficazes

- educar os outros sobre como tomar decisões de consenso;
- ajudar o grupo a estabelecer uma finalidade e regras-base partilhadas com o grupo;
- encorajar um tom de abertura que permita o desacordo construtivo;
- sugerir técnicas e ferramentas para a tomada de decisão e para a resolução de problemas;
- manter a discussão concentrada, positiva e segura para todos os participantes;
- resumir pontos de discussão, propostas e acordos fundamentais;
- encorajar a participação total e equilibrada de todos os elementos;
- intervir directamente ou através do líder do grupo para lidar com qualquer comportamento disruptivo;
- ajudar o grupo a avaliar a sua eficácia e a aprender com a sua experiência.

Checklist para a selecção de um facilitador
☐ Conhecimento profundo das práticas de consenso.
☐ Flexibilidade em adaptar-se às necessidades únicas do seu grupo ou organização.
☐ Respeito pelo tempo e esforço que se investe nas reuniões.
☐ Capacidade de ouvir atentamente e de reconhecer relações entre ideias.
☐ Capacidade de se manter neutro e objectivo relativamente aos assuntos da reunião.
☐ Paciência e demonstração de uma visão optimista.
☐ Focalização naquilo que o grupo necessita e não em ser apreciado pelos seus elementos.
☐ Experiência na utilização de abordagens que incentivam uma participação e colaboração totais.
☐ Assertividade e diplomacia ao lidar com personalidades fortes.

A divisão de responsabilidades entre facilitador e líder depende grandemente da estrutura e da cultura da organização ou grupo de tomada de decisão. Onde há uma estrutura estabelecida e um líder reconhecido, o facilitador tem de ter cuidado para não usurpar o papel do líder. Aconselho os facilitadores e os líderes a manterem-se atentos ao "desvio de papéis", assegurando-se que os líderes formais:

- apresentam uma "tabela" relativa ao grupo de tomada de decisão (ver a próxima secção);

- seleccionam os elementos do grupo de decisão;
- definem os objectivos da reunião e as prioridades de agenda;
- iniciam as reuniões descrevendo a finalidade e os objectivos;
- são um exemplo activo das regras e dos princípios-base do consenso;
- partilham e solicitam observações e *feedback* acerca do processo;
- intervêm juntamente com o facilitador para pôr termo a comportamentos disruptivos (ver Capítulo 5).

CLARIFIQUE O ÂMBITO E A AUTORIDADE DO GRUPO

Uma tabela com o grupo de tomada de decisão define a finalidade, a autoridade, os valores e os acordos de funcionamento do grupo. Antes de reunir o grupo, o líder ou o supervisor da decisão deve definir a tabela do grupo ao responder às seguintes questões:

- Este grupo está a ser reunido para lidar com que assunto?
- Por que é que este assunto é importante?
- Que valores devem guiar as decisões tomadas por este grupo?
- Quais são as responsabilidades dos elementos do grupo?
- Como é que iremos saber quando é que o grupo completou a sua tarefa?
- Onde é que começa e acaba a autoridade deste grupo de decisão?
- Quais são as regras-base para o comportamento dos elementos do grupo?
- Como é que definimos uma *decisão de consenso* neste grupo?
- Quais são as nossas pressões e restrições de tempo?
- O que é que acontece se não conseguirmos atingir um acordo por consenso?

Tabela do grupo de decisão
Task force de redução de desperdício da empresa Spider

Âmbito
A nossa empresa estabeleceu a meta de diminuir em 50 por cento o material que colocamos no fluxo de desperdício. Acreditamos que esta meta é importante, pois irá permitir-nos agir de forma mais consistente com os nossos valores centrais de gestão ambiental. Também acreditamos que reduzir o desperdício irá reduzir os custos operacionais.

Finalidade

A finalidade desta *task force* é desenvolver e recomendar ao Comité Executivo políticas e procedimentos completos que irão resultar na nossa meta de redução de desperdício.

Critérios de decisão inicial

A recomendação da *task force* tem de se guiar pelos seguintes critérios:

- É coerente com todos os valores essenciais da nossa empresa.
- Resulta na meta declarada de 50 por cento de redução de desperdício em 18 meses.
- Tem um impacto financeiro positivo ou nulo na rentabilidade da empresa.
- Pode ser implementada em todas as instalações da empresa por todo o país.

Autoridade do grupo

Este grupo tem a obrigação de desenvolver uma recomendação baseada no consenso (apoiada por todos os elementos da *task force*). Esta recomendação será levada ao Comité Executivo da empresa para aprovação final.

Responsabilidades dos elementos da *task force*

- Assistir a todas as reuniões, tendo finalizado todas as leituras e tarefas relevantes.
- Avisar o líder da *task force* se não puder participar e tratar de tudo com o seu suplente.
- Solicitar *input* e *feedback* daqueles que compõem a sua zona, departamento ou unidade.

Método de decisão

A *task force* irá decidir sobre uma recomendação através do consenso. Isto significa que a recomendação final tem de ter em conta as preocupações de todos os elementos do grupo. É mais provável que o Comité Executivo aprove e financie uma decisão que seja de consenso. Se o grupo não conseguir atingir um consenso, pode enviar uma descrição das alternativas consideradas sem incluir uma recomendação.

Parâmetros da *task force*

- Todos os custos financeiros associados ao trabalho desta equipa têm de ser aprovados pelo director financeiro.

- A *task force* fará as recomendações ao Comité Executivo até 15 de Junho de 2004.

Regras-base para o comportamento dos elementos
Serão determinadas pelo grupo na primeira reunião.

DÊ FORMAÇÃO AOS ELEMENTOS DO GRUPO

Em organizações com histórias de colaboração e de participação, a tomada de decisão baseada no consenso não é um grande esforço. Em organizações onde a autoridade centralizada (por exemplo decisões individuais) e a competição (por exemplo discussões de *win-lose**) têm sido a norma, a curva da aprendizagem é mais acentuada e é necessária mais formação.

Com grupos novos que têm pouca experiência na utilização do consenso, descobri que consigo desenvolver uma base sólida de princípios e práticas em 90 minutos. Todos os aspectos recomendados para uma "apresentação do consenso" estão presentes neste livro. A minha grande preferência é co-facilitar esta apresentação com o líder formal ou o decisor, para demonstrar o compromisso da organização para com o uso do consenso. Apresento de seguida um modelo de agenda para a apresentação do consenso.

Modelo de agenda para uma sessão de formação sobre consenso

A. Sobre que assunto iremos deliberar e por que é que é importante?[1] (15 minutos)

B. O que é o consenso e por que é que escolhemos esse método para esta decisão?[1] (10 minutos)

C. Para com que princípios é que nos temos de comprometer de forma a alcançar o verdadeiro consenso? (15 minutos)

D. O que é que se obterá se conseguirmos alcançar o consenso?[1] (5 minutos)

E. Como será o nosso processo? (15 minutos)

F. Quais são os vários papéis dos envolvidos neste processo? (10 minutos)

---

* **N. T.** Em que uma das partes ganha e a outra perde.

G. Quais são as regras-base? (15 minutos)
H. Onde é que se pode aprender mais sobre o consenso? (5 minutos)

[1] É especialmente importante que este tema seja apresentado pelo líder formal ou decisor.

DESENVOLVA UMA AGENDA

Tal como a maioria das reuniões, as de consenso têm uma finalidade – tomar uma decisão ou preparar o grupo para que tome uma decisão. Processos de decisão mais complexos envolvem uma série de reuniões com diferentes finalidades. Entre as finalidades das reuniões incluem-se:

- Aprender sobre o consenso e acordar um plano de trabalho.
- Estudar o tema e chegar a uma compreensão partilhada.
- Estabelecer critérios que serão utilizados para desenvolver e seleccionar uma alternativa.
- Criar alternativas criativas para lidar com o assunto.
- Deliberar e alcançar uma decisão.
- Desenvolver um plano para implementar a decisão.

Para decisões com várias reuniões, é útil criar um mapa orientador a que os elementos do grupo possam recorrer durante o processo. Um mapa orientador representa todas as reuniões, clarifica a finalidade da reunião e mostra a relação entre as reuniões.

Modelo de mapa para um processo de decisão com várias reuniões

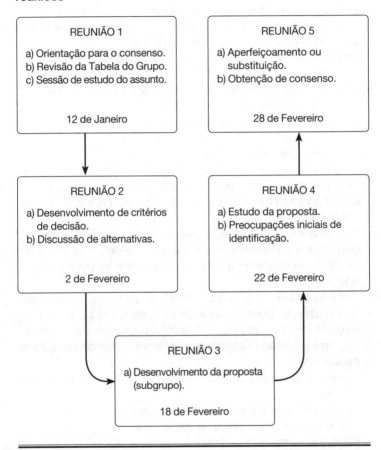

Para qualquer reunião individual, a agenda é um plano flexível. Estabelece uma sequência de tópicos, define quanto tempo será dedicado a esses tópicos e especifica que papéis os elementos do grupo irão desempenhar durante as diferentes partes da reunião.

Para ordenar e atribuir tempo aos temas da agenda de forma eficaz, deverá considerar estas seis questões:

• Dada a finalidade e os objectivos deste grupo de tomada de decisão, até que ponto é que este assunto é importante?

- De quanto tempo é que provavelmente iremos necessitar para considerar e alcançar uma decisão sobre este assunto?
- Iremos ter acesso à informação de que necessitamos para tomar uma decisão informada sobre este tema?
- Até que ponto é provável que este tema seja controverso? Que nível de emoção está ligado a este assunto?
- Seria mais eficaz organizar as nossas deliberações sobre este assunto em segmentos ao longo do decorrer das várias reuniões?
- Qual é a importância e a urgência deste assunto relativamente a outros na nossa agenda?

Dicas para uma agenda eficaz
- Evite apresentações demoradas durante as reuniões. Tente distribuir informação antes das reuniões, de forma a que possa utilizar o tempo da reunião propriamente dita para debate e tomada de decisão.
- Obtenha *input* de elementos do grupo que tenham mais experiência e conhecimento do assunto se se sentir inseguro quanto à quantidade de tempo apropriada para um tópico em agenda.
- Saiba exactamente o que significa "completo" para cada tópico em agenda. Consulte os elementos do grupo para clarificar o resultado desejado para cada tópico em agenda. Os participantes poderão descrever os seguintes tipos de resultados desejados:
  - Clarificámos factos e chegámos a uma compreensão partilhada de...
  - Gerámos ideias para possíveis soluções para...
  - Desenvolvemos um plano de acção para...
  - Tomámos uma decisão sobre...
- Mantenha-se flexível. Durante a reunião, o grupo poderá solicitar-lhe que altere a sequência dos tópicos, a quantidade de tempo dedicada a um assunto ou o tipo de resultado associado a um tópico em agenda.

REÚNA A INFORMAÇÃO RELEVANTE

Antes da reunião, tente identificar informação relevante que seria útil para a discussão do grupo sobre o tema. Sempre que possível, esta informação deverá circular antes da reunião e deverá ser pedido aos elementos do grupo que identifiquem questões clarificadoras e informação adicional de que necessitem.

Quando o grupo estiver numa fase inicial de compreensão de um assunto, é muitas vezes útil uma "apresentação básica do *background*" (ver o próximo modelo e exemplo). Factos e informação podem muitas vezes ser fornecidos através de conselheiros especializados e de subgrupos de procura de factos compostos por elementos do grupo maior de consenso.

Modelo de apresentação do assunto

Clarifique o assunto.
- Descreva a situação.
- Há quanto tempo é que dura?
- Qual é a história?
- Quais são as causas possíveis?

Determine o impacto actual.
- Quem é que o assunto está actualmente a afectar e como?
- De que forma é que o assunto está actualmente a afectar a organização?
- De que forma é que o assunto está actualmente a afectar outros (por exemplo clientes, colaboradores, etc.)?

Determine as implicações futuras.
- O que é que está em jogo para a nossa organização?
- O que é que está em jogo para outros fora da nossa organização?
- Se nada mudar, o que é que, provavelmente, irá acontecer?

Descreva o resultado ideal.
- Quando este assunto estiver resolvido, que resultados esperamos ver?
- Como é que iremos saber que esses resultados aconteceram? Como é que os iremos avaliar?
- Que princípios e objectivos nos deverão guiar na resolução deste assunto?

Identifique quaisquer alternativas preliminares.
- Quais são as diferentes abordagens que nos poderão conduzir à resolução descrita anteriormente?
- Quais são os prós e contras de cada uma dessas alternativas?
- Que alternativas poderão alcançar mais satisfatoriamente os resultados desejados? Porquê?

Este conjunto de questões foi baseado num modelo descrito em *Fierce Conversations* de Susan Scott (Nova Iorque: Penguin, 2002).

COMECE A REUNIÃO DA MELHOR MANEIRA

Aquilo que acontece durante os primeiros 20 minutos de uma reunião estabelece a base para o sucesso ou para o fracasso. Ao colocar sete questões fundamentais no início de uma reunião de consenso, garante que os participantes partilham uma ideia comum sobre o que deve ser conquistado e como deve ser conquistado. Juntamente com o estabelecimento desses limites, também é seu dever enquanto líder do grupo criar um ambiente que transmita o espírito e os valores centrais da tomada de decisão baseada no consenso.

- **Por que é que estamos aqui?** No início da reunião, o líder do grupo (ou facilitador, caso não haja um líder formal) faz uma declaração concisa sobre qual é a finalidade e os resultados pretendidos da reunião, incluindo as decisões sobre as quais o grupo irá tentar obter consenso.

> "Hoje estão aqui para resolver (indicar o assunto). Mais especificamente, este grupo foi reunido para fazer uma recomendação/ tomar uma decisão relativamente a (indicar o assunto)."

- **Estamos autorizados a decidir o quê?** Clarifique o âmbito da autoridade de tomada de decisão do grupo. Na maioria das organizações, estes parâmetros são definidos pela gestão sénior ou apresentados de forma mais formal na tabela da equipa.

> "Este grupo foi estabelecido por (indicar o nome da pessoa ou do grupo que autorizou) para tomar uma decisão/fazer uma recomendação final relativamente a (indicar o assunto). Este grupo não está autorizado a tomar decisões relativamente a... ou decisões que tenham impacto sobre..."

- **Quem é que está na sala?** Certifique-se de que todos os elementos do grupo, incluindo observadores e convidados, têm a oportunidade de se apresentar e explicar por que é que estão a assistir.

> "Vamos primeiro apresentar toda a gente e compreender por que é que cada um de vós é parte desta decisão. Quando se apresentarem, por favor refiram sucintamente qual é a vossa ligação a este assunto."

- **Que papéis especiais estarão a desempenhar?** Explique os vários papéis que serão assumidos durante o processo de tomada de decisão, incluindo os papéis de facilitador, anotador, decisores, observadores, suplentes, etc. Pergunte explicitamente aos elementos do grupo se estão dispostos a aceitar os papéis que foram solicitados a desempenhar. Esta pode ser uma boa oportunidade para praticar uma decisão de consenso!

> "Como facilitador, a minha função é manter a discussão focalizada e garantir que todos têm a oportunidade de falar. Irei ajudar a encaixar as diferentes correntes da vossa discussão e encontrar áreas de acordo. Adicionalmente, irei tentar salientar pontos de desacordo e de preocupação. O meu papel é ser neutral relativamente ao conteúdo da vossa discussão, mas também ajudar-vos activamente a gerir o processo de decisão, incluindo fazer cumprir os acordos a que irão chegar daqui a pouco. Tenho a vossa autorização para fazer isso?"

- **Compreendemos o processo de decisão?** Uma vez que o consenso será uma novidade para muitos grupos, é importante transmitir uma definição clara de consenso e uma descrição do processo de tomada de decisão.

(44) Reuniões Eficazes

> "As decisões que estão hoje aqui a tomar são por consenso. Isto é um pouco diferente de outras abordagens de tomada de decisão com as quais poderão ter estado envolvidos. Só se conseguirá alcançar decisões de consenso quando cada um de vós declarar que se chegou a uma decisão que pode apoiar – uma decisão que responde às suas preocupações e é consistente com a missão, objectivos e requisitos da organização. Alguma pergunta?"

- **Compreendemos a agenda?** Antes de começar a reunião, descreva a agenda. Explique como é que o tempo será atribuído a cada tópico. Se forem utilizados alguns processos especiais de grupo (por exemplo divisão em grupos menores, que depois se voltarão a reunir no grupo maior e partilhar o seu trabalho*), apresente aos elementos do grupo uma antevisão de como será.

> "Permitam-me que reveja os tópicos da agenda e o tempo atribuído a cada um deles. Dada a finalidade e os objectivos desta reunião, há alguém que tenha algumas reservas ou sugestões relativamente à agenda?"

- **Estamos dispostos a comprometer-nos para com as regras-base?** Sugira algumas regras que irão guiar o comportamento dos elementos do grupo e peça-lhes que sugiram outras que considerem que irão encorajar um processo de decisão por consenso produtivo e respeitador. (Ver modelo de regras-base nas páginas 76 e 77.)

> "Gostaria de sugerir alguns acordos que poderiam adoptar. Estes acordos tendem a apoiar a tomada de decisão de grupo eficaz e, em particular, o consenso. São declarações de 'Eu', pois são compromissos que cada um de vós assume.
>
> - Eu encorajo a discussão minuciosa e o desacordo.
> - Eu procuro soluções de base comum ao colocar questões de 'e se'.

---

* **N. T.** No original, *break-out groups*.

- Eu não concordo apenas para evitar o conflito.
- Eu evito repetir o que já foi dito.

Há mais alguns acordos que alguém queira acrescentar? (espere por resposta) Estão dispostos a manter estes acordos hoje na vossa reunião? (espere por resposta) Tenho permissão da vossa parte para, enquanto facilitador, chamar gentilmente a atenção quando os acordos não estiverem a ser mantidos?" (espere por resposta)

Preparar cuidadosamente pedindo ajuda às pessoas certas, dar-lhes formação sobre a tomada de decisão por consenso, desenvolver uma agenda e recolher informação útil estão entre os passos fundamentais para ajudar a garantir um processo eficaz. O próximo capítulo apresenta os cinco passos básicos da tomada de decisão por consenso.

(3)
Quais são os passos básicos?

Neste capítulo irá aprender:

- quais as cinco etapas a cumprir para se chegar a uma decisão de consenso
- a importância de seguir todos os passos no processo de consenso
- o que acontece quando não se consegue chegar a um consenso

Há muitas abordagens à tomada de decisão por consenso, algumas mais complexas do que outras. O modelo de cinco passos que se segue funciona bem para a maioria das decisões.

PASSO UM: DEFINA O TEMA

O grupo explora primeiro o tema ou problema que está a tentar resolver. Esta fase envolve muitas vezes apresentações de histórias relacionadas e informação de *background*. O objectivo do grupo durante esta fase é desenvolver uma compreensão informada e partilhada sobre o tema e os factos que lhe dizem respeito.

Durante cada um dos passos do processo de consenso irá descobrir que perguntas sensatas podem fazer muito do "trabalho pesado" dos elementos do grupo. Estas perguntas irão ajudar o grupo a definir claramente o tema:

- Por que é este tema importante e o que está exactamente em jogo?
- Quais são os factos importantes, históricos e de *background*?
- Temos uma compreensão comum dos factos?
- Como é que este tema está actualmente a afectar a nossa organização?
- Quais é que poderão ser a causas e/ou os factores que contribuem para a situação?
- O que é que *não* sabemos sobre este tema?
- Se nada mudar, o que é provável que aconteça?
- Conseguimos concordar com uma declaração comum sobre o tema ou problema?
- Conseguimos exprimir este tema numa pergunta de "Como é que nós...?"?

3 | Quais são os passos básicos? (49)

O PROCESSO DE CONSENSO

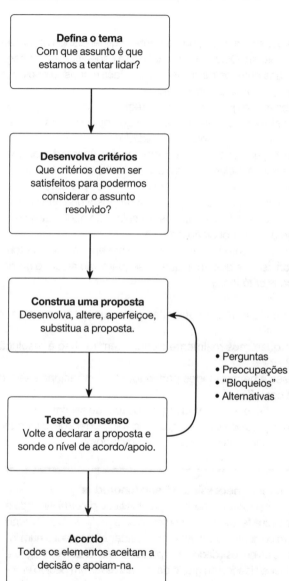

PASSO DOIS: ESTABELEÇA OS CRITÉRIOS DE DECISÃO

Este é um dos passos mais frequentemente negligenciados na tomada de decisão por consenso. Quanto mais explícito e específico se conseguir ser relativamente aos critérios de decisão, mais fácil é construir soluções com as quais o grupo consiga concordar.

Durante este passo, o grupo discute os requisitos que qualquer proposta tem de satisfazer e os resultados que qualquer proposta tem de alcançar. Chamamos-lhes critérios "necessidade".

Adicionalmente, o grupo pode identificar critérios que, apesar de não serem essenciais, são desejáveis. Referimo-nos a estes critérios como "desejo".

Os critérios "necessidade" são também conhecidos por critérios *impede acordos*, pois o grupo não irá adoptar uma proposta que não satisfaça estes critérios. Pelo contrário, os critérios "desejo" são negociáveis e não podem ser a base de uma oposição legítima.

É importante que os critérios de decisão sejam enunciados de forma transparente e concisa. As questões que se seguem irão ajudar o grupo a desenvolver os seus critérios.

- Que condições têm de ser satisfeitas para que este tema seja resolvido?
- O que é que queremos realmente alcançar em relação à resolução deste tema?
- Que interesses e necessidades partilhados/organizacionais têm de ser tidos em conta?
- Que limitações de recursos e/ou requisitos têm de ser satisfeitos?
- A que preocupações partilhadas é que uma solução terá de responder?
- Que efeitos secundários precisam de ser evitados?

Quando os critérios "necessidade" são ignorados

Uma associação nacional de indústria precisava de determinar onde é que iria efectuar a sua feira anual de comércio para profissionais. O grupo desenvolveu um conjunto de critérios "necessidade" baseados num inquérito extensivo às necessidades dos participantes. Quando chegou a altura de escolher a cidade, um grupo de membros fez um pedido emocional de lealdade para com uma determinada cidade, que era historicamente o local do evento. Apesar de esta cidade satisfazer muito poucos dos critérios "necessidade" preestabelecidos do grupo, foi escolhida como local para a feira. Neste caso, o grupo de tomada de decisão foi convencido por alguns membros a tomar a sua decisão com base em algo que não os critérios estabelecidos através de investigação extensiva e ponderação. A decisão foi desligada do que tinha sido definido como "os melhores interesses da organização e das partes interessadas".

Um membro do conselho descreveu assim o impacto de se ignorar os critérios de decisão:

"Tomámos esta decisão com base na emoção e não no que fazia sentido. Agora estamos a pagar a factura. A nossa capacidade de alcançar os objectivos da organização continua a ser limitada pela nossa escolha de locais."

PASSO TRÊS: CONSTRUA A PROPOSTA

Como indicado no esquema que se encontra no início deste capítulo, o consenso é um processo repetitivo de construção de uma proposta inicial que posteriormente é aperfeiçoada ou por vezes substituída para responder a preocupações legítimas de elementos do grupo.

Elaborar uma proposta preliminar

Geralmente é elaborada uma proposta inicial escrita depois de os critérios estarem definidos e acordados. Isto pode ser feito por todo o grupo ou por um elemento ou subgrupo designado para tal. Organizar uma proposta preliminar pode demorar algum tempo e necessitar de alguma criatividade. Muitas vezes é necessário consultar pessoas envolvidas na decisão sobre soluções alternativas, testar ideias, escutar preocupações e conduzir uma investigação.

O tempo investido neste passo é bem gasto. Uma proposta preliminar bem enunciada concentra a discussão do grupo sem defender necessariamente a aprovação da proposta.

Criar propriedade de grupo

Evite atribuir autoria à proposta inicial. Isso permite que o *grupo* assuma a propriedade das ideias contidas na proposta como "o nosso trabalho em acção". À medida que forem sugeridas alterações e desenvolvidas propostas subsequentes, continue a evitar atribuir a autoria a indivíduos ou subgrupos.

Coloque as questões que se seguem para ajudar o grupo a construir as suas propostas iniciais:

- Que ideias é que têm sobre soluções que iriam satisfazer os nossos critérios?

(52)   Reuniões Eficazes

- O que é que essas ideias alternativas têm em comum?
- Alguma dessas ideias pode ser combinada com outras?
- Conseguimos tornar esta solução mais simples, menos dispendiosa e/ou mais rápida de implementar?
- Que opções não explorámos?

Fazer perguntas clarificadoras

Assim que a proposta tiver sido desenvolvida, é apresentada ao grupo. Durante a apresentação, limite a discussão a *perguntas clarificadoras*. As perguntas clarificadoras que se seguem procuram confirmar a compreensão da proposta e tornar explícitas quaisquer suposições:

- O que é que o iria ajudar a compreender melhor esta proposta?
- O que é que não é claro para si?
- O que é que lhe permitiria explicar esta proposta a alguém fora deste grupo?
- Quais são as suposições declaradas e não declaradas desta proposta?
- Partilhamos uma compreensão comum acerca desta proposta?

PASSO QUATRO: TESTE O CONSENSO

Este é o passo mais importante do processo de consenso e aquele que necessita de mais competência. Assim que a proposta tiver sido apresentada ao grupo e se tiver respondido a todas as perguntas, é altura de testar o consenso. Testar o consenso inclui pedir a cada elemento do grupo que declare o seu nível de conforto e de apoio em relação à proposta, tendo por base os objectivos e os critérios comuns estabelecidos no Passo 2. Durante o Passo 4, é importante que seja claro que está a pedir aos elementos do grupo que discutam a proposta específica. (O Capítulo 4 é dedicado a este passo do processo.)

NÃO está a perguntar:
- *Esta é a sua primeira escolha?*
- *Satisfaz as suas necessidades e os seus interesses pessoais?*

ESTÁ a perguntar:
- *Esta é uma proposta que pode aceitar e, em última análise, apoiar?*
- *Satisfaz os critérios partilhados pelo grupo?*
- *Acredita que esta proposta representa o melhor raciocínio do grupo nesta altura?*
- *É a melhor decisão para a nossa organização e para as partes interessadas?*

Ao pedir aos outros que discutam o seu nível de conforto e de apoio da proposta, há vários resultados possíveis.

Cenário 1. Todos os elementos do grupo se sentem confortáveis e dispostos a apoiar a proposta. Nenhum apresenta preocupações ou oposição. O consenso é alcançado relativamente depressa.

Cenário 2. Alguns elementos do grupo apoiam a proposta. Outros têm preocupações ou perguntas. No decorrer da discussão, o grupo aperfeiçoa a proposta e fornece informação que permite que os elementos que se mostravam preocupados apoiem a proposta. O consenso é alcançado.

Cenário 3. Além das preocupações, alguns elementos opõem-se à proposta porque acreditam que não consegue satisfazer um dos critérios "necessidade" acordados ou que viola, de alguma forma, a finalidade ou os objectivos da organização. Este tipo de oposição legítima, também conhecida por *bloqueio*, pode desencadear uma discussão criativa na qual o grupo procura novas soluções. Se for encontrada uma nova solução que responda às preocupações de todos os elementos, o consenso é alcançado. (Ver Capítulo 4 para mais sobre como lidar com *bloqueios* legítimos.)

Cenário 4. Por vezes um grupo não consegue encontrar uma forma de responder a preocupações e/ou oposição. Se o grupo não conseguir formular uma proposta que todos os elementos consigam apoiar, o acordo de consenso não é alcançado.

PASSO CINCO: CHEGUE A UM ACORDO

O consenso é alcançado quando todos os elementos do grupo demonstram acreditar que a proposta representa o melhor raciocínio do grupo naquele momento e que responde a todas as preocupações legítimas apresentadas.

Ao fazer uma verificação final do consenso, é útil voltar a enunciar a decisão proposta e perguntar a todos os elementos do grupo:

> "Aceita que esta decisão é a melhor para a organização e para as partes interessadas neste momento e está preparado para apoiar a sua implementação?"

Formalizar o acordo de consenso

Assim que tiver sido tomada uma decisão de consenso e completado um registo escrito da mesma, sugiro que todos os elementos do grupo assinem a proposta final ou o relatório da decisão. A assinatura é uma maneira formal de os elementos indicarem as suas intenções de apoiar activamente a implementação.

Modelo de declaração de decisão

A 31 de Março de 2006, a *task force* de *marketing* da Yummy Muffin (composta por executivos de *marketing* empresarial e os nossos maiores donos de *franchise*) alcançaram o consenso na escolha de uma agência publicitária que irá tratar da nossa campanha de *marketing* nacional. Após uma procura exaustiva e uma competição entre quatro agências nacionais, escolhemos a Boll Creative, tendo por base os seguintes critérios:

- Capacidade criativa, conforme demonstrado pela competição na televisão e imprensa.
- Capacidade de criar uma campanha integrada, utilizando a televisão, a rádio, material impresso e *direct mail*.
- Compreensão da nossa indústria e seus consumidores.
- Experiência na negociação de *media buys* competitivos.
- Preços competitivos da proposta relativamente a outras consideradas.
- Estabilidade e currículo da agência.

Em resultado desta decisão, os elementos da *task force* de *marketing* estão totalmente comprometidos em avançar com a Boll Creative.

Quando os grupos não conseguem chegar a um consenso

Haverá alturas em que um grupo não irá conseguir encontrar uma forma de responder a todas as preocupações ou resolver um bloqueio legítimo no tempo de que dispõe para tomar uma decisão. Esta é uma

3 | Quais são os passos básicos? (55)

forma perfeitamente razoável de terminar um processo de consenso. Contudo, quando não se conseguir chegar a um consenso, existem outras opções. Estas opções são também conhecidas por *alternativas**. Embora seja útil ter uma posição alternativa identificada *a priori*, a minha experiência diz-me que, com o tempo suficiente e a intenção certa, consegue alcançar-se o consenso na maior parte das vezes. Portanto, segue-se uma breve descrição de algumas das alternativas que se podem utilizar quando o consenso se revelar impossível de alcançar.

Adie a decisão. Se a decisão não for urgente, um grupo pode decidir simplesmente adiar a decisão até as circunstâncias se alterarem ou surgir nova informação.

Uma vez que a associação de proprietários não conseguiu chegar a um consenso sobre a construção ou não de uma piscina, os seus elementos decidiram adiar a decisão e voltar a discutir o assunto no próximo ano.

Conceder autoridade de decisão a um subgrupo. O grupo pode determinar *a priori* que, caso o grupo alargado não consiga chegar a um consenso, a decisão final será delegada a um subgrupo mais restrito.

Os elementos da associação de proprietários designaram um grupo de cinco elementos para tomar uma decisão final sobre a piscina com base nos critérios e nas linhas de orientação fornecidos pelo grupo maior.

Enviar a decisão para cima. Em organizações hierárquicas, uma decisão pode ser enviada para cima, para um gestor individual ou para um grupo executivo. É fornecido aos decisores, que poderão ou não ter estado envolvidos nas deliberações do grupo, um resumo completo das alternativas consideradas, propostas, preocupações e motivo para alguma oposição.

---

* **N. T.** No original, *fallbacks*.

> A associação de proprietários delegou poderes nos três elementos do seu Conselho Executivo para que estes tomem uma decisão final de entre as duas opções atractivas que foram sendo desenvolvidas.

Procurar mediação. Se alguns elementos estiverem renitentes por motivos legítimos, é por vezes útil utilizar um mediador experiente para trabalhar especificamente com esses elementos do grupo que manifestam diferenças. A mediação é um processo estruturado através do qual os indivíduos são encorajados a partilhar as suas opiniões e a trabalhar no sentido da resolução de diferenças. Um mediador é particularmente útil quando as emoções estiverem ao rubro e os indivíduos não estiverem a sentir que a sua perspectiva está a ser ouvida. Tal como os facilitadores de grupo, os mediadores nunca tomam uma posição relativamente ao tópico em discussão. Segundo a Rede de Mediação da Carolina do Norte*, o mediador trabalha para:

- Facilitar a comunicação entre as partes.
- Ajudá-las a encontrar uma compreensão mútua.
- Apoiá-las na definição e clarificação dos temas.
- Maximizar a procura de alternativas.
- Ajudar na procura de reconciliação e acordo.

> Os proprietários cuja casa ficaria adjacente à piscina eram veementemente contra a ideia. Todos os outros elementos eram a favor. O grupo solicitou os serviços de um mediador para garantir que a perspectiva dos elementos que se opunham era totalmente escutada e para verificar se essas preocupações poderiam de alguma forma ser respondidas.

Basicamente, o processo de consenso envolve a definição do assunto, o desenvolvimento de critérios de decisão, a construção de uma proposta, o teste do consenso e o chegar-se a um acordo ou a uma conclusão alternativa. O próximo capítulo lida com uma ocorrência comum na tomada de decisão por consenso – um ciclo de desacordo e descoberta que pode criar frustração ou soluções inovadoras.

---

* **N. T.** No original, *Mediation Network of North Carolina*.

(4)
Como lidar com o desacordo?

Neste capítulo irá aprender:

- o que fazer quando há desacordo
- estratégias para lidar com ideias divergentes

A parte mais entusiasmante e criativa do processo de consenso é quando um grupo está a passar do Passo 3 para o 4. São feitas propostas, levantadas preocupações e o grupo tenta aperfeiçoar ou substituir a proposta para responder a essas preocupações. Durante esta parte do processo de consenso, os grupos podem viver uma inovação proveitosa ou uma intensa frustração. Muitas vezes, experimentam ambas. Designo-a por *ciclo de desacordo e descoberta*.

O PROCESSO DE CONSENSO COM CICLO DE DESACORDO

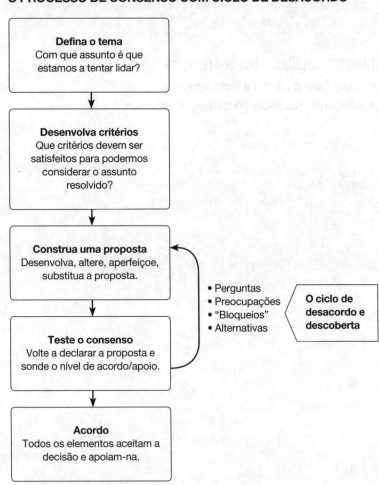

UTILIZE CARTÕES DE CONSENSO

Criei uma ferramenta chamada *Cartões de Consenso** para maximizar a concentração, a criatividade e o respeito. O método é fácil de utilizar. Dê a cada elemento do grupo três cartões: um verde, um amarelo e um vermelho. Os cartões são suficientemente grandes para serem vistos do outro lado da sala ou mesa de reuniões.

Depois de apresentada uma proposta ao grupo e de se ter dado resposta a todas as perguntas de clarificação, o facilitador pede aos participantes que indiquem o seu nível de conforto e de apoio à proposta apresentando um dos três cartões.

Cada cor representa um nível diferente de apoio à proposta:

Verde. Apoio esta proposta. É neste momento a melhor decisão a que podemos chegar para a nossa organização e para as partes interessadas.

Amarelo. Poderia apoiar esta proposta. Tenho algumas perguntas e/ou preocupações que preciso que sejam respondidas.

Vermelho. Não apoio esta proposta. Não serve neste momento os interesses da nossa organização e das partes interessadas.

Assim que todos os elementos do grupo apresentarem o seu cartão, todos os que seguram cartões têm um papel específico:

Os que apresentam cartões verdes

Assim que todos os elementos estiverem a mostrar um cartão, avise os que apresentam cartões verdes que a função deles é manter-se em silêncio e ouvir cuidadosamente as preocupações e as ideias dos elementos que apresentam cartões amarelos e vermelhos.

> Pede-se aos apoiantes da proposta (os que apresentam cartões verdes) que se mantenham em silêncio para eliminar o que muitas vezes é uma série de discursos de apoio e técnicas de venda que consomem tempo.

Os que apresentam cartões amarelos

Peça a cada um dos que apresentam cartões amarelos que descreva a sua preocupação e registe-a num quadro. A função do facilitador é reunir todas as preocupações e perceber se são uma "necessidade" ou

---

* **N. T.** No original, *Consensus Cards*™. Ver Guia de Recursos.

um "desejo". Se a de tipo "desejo" não for resolvida pelo grupo, mesmo assim o que apresenta o cartão poderá estar disposto a "mudar para verde", desde que a preocupação seja colocada no registo da reunião.

Assim que todas as preocupações tiverem sido identificadas e registadas, qualquer elemento do grupo pode responder com informação ou sugerir aperfeiçoamentos à proposta que poderão dar resposta à preocupação. À medida que as preocupações de cada elemento forem resolvidas, pede-se-lhes que mostrem um cartão verde.

Os que apresentam cartões vermelhos

Depois de todas as principais preocupações terem sido apresentadas e resolvidas, o facilitador pede aos que apresentam cartões vermelhos que digam qual é a fonte da sua oposição e descrevam a alternativa que propõem. Se a proposta alternativa parecer satisfazer os critérios de decisão do grupo, o facilitador pode fazer uma sondagem aos elementos do grupo sobre essa proposta utilizando os Cartões de Consenso.

Deve encorajar-se fortemente aqueles que apresentam cartões vermelhos a oferecer uma ou mais propostas alternativas que respondam aos seus motivos de oposição.

Nas secções que se seguem, iremos explorar como trabalhar construtivamente com aqueles que expressam preocupações (os que apresentam cartões amarelos) e oposição legítimas (os que apresentam cartões vermelhos).

EXPRESSE E RESOLVA PREOCUPAÇÕES LEGÍTIMAS

No consenso, cada elemento do grupo tem o direito e a responsabilidade de expressar preocupações que tenha sobre qualquer proposta. As preocupações legítimas tomam muitas vezes a forma de perguntas e declarações sobre aspectos da proposta que poderão não servir da melhor maneira os interesses da organização. À medida que as preocupações forem apresentadas, é função do grupo compreendê-las e tentar resolvê-las.

4 | Como lidar com o desacordo? (61)

Enquanto facilitador, tem de dar todo o tempo necessário para que todos os elementos do grupo manifestem as suas preocupações. Também é importante que o facilitador crie um ambiente seguro no qual nenhuma preocupação seja minimizada ou ignorada.

À medida que cada preocupação for identificada, coloque-as numa lista num quadro. Uma vez que o consenso requer que se responda a todas as preocupações legítimas, não é necessário votar-se ou concordar com as preocupações à medida que forem identificadas. Registe simplesmente todas as preocupações à medida que forem apresentadas e certifique-se de que se incluem na definição de "legítimas".

> Uma forma de testar se uma preocupação é legítima ou não é perguntar: "Esta preocupação baseia-se na finalidade do nosso grupo, num valor partilhado, num dos nossos critérios de decisão, ou é uma necessidade ou preferência de um elemento individual?"

As preocupações legítimas de elementos do grupo podem ser resolvidas de três formas:

- Fornecer informação adicional, para que quem apresentou a preocupação sinta que esta foi respondida. (Exemplo: a preocupação de Tom sobre a nova política de benefícios dos colaboradores baseava-se na falsa crença de que os que trabalhavam à hora não preenchiam os requisitos. Assim que a Jane esclareceu que os colaboradores que trabalhavam à hora estavam incluídos, o Tom retirou a sua preocupação.)
- Aperfeiçoar a proposta de uma forma pequena ou significativa para responder à preocupação. (Exemplo: a Fran apresentou a preocupação de que a nova política de benefícios teria efeito a partir do meio do ano e poderia criar um inconveniente aos colaboradores relativamente aos seus impostos. Em resultado da sua preocupação, a data de implementação foi estipulada para 1 de Janeiro do ano seguinte.)
- Oferecer esta opção a quem apresenta a preocupação: Ele ou ela pode pedir que a sua preocupação seja incluída no registo da reunião, mas concordar apoiar totalmente a decisão. Ao fazê-lo, o elemento do grupo está a dizer: "Tenho uma preocupação, mas mesmo que não sejamos capazes de a resolver, acredito que a nossa proposta actual representa o melhor raciocínio do grupo neste momento, portanto irei apoiar a decisão."

O processo de lidar com preocupações tem sido descrito como uma busca criativa por *uma terceira via*, que se encontra algures entre respostas certas/erradas, ou/ou e boas/más.

O diálogo de consenso normalmente conduz a uma solução mais articulada e de maior qualidade, com um forte compromisso. As perguntas que se seguem irão ajudar o grupo a resolver preocupações e a conquistar um acordo sobre uma proposta:

- Há alguém que não consiga aceitar esta versão da proposta?
- Há alguém que consiga oferecer mais melhorias para a proposta?
- Respondeu-se a todas as preocupações?
- Esta preocupação encaixa-se na nossa finalidade, valores e critérios de decisão?
- Esta preocupação tem de ser resolvida para que possa apoiar a proposta, ou simplesmente *preferia* que fosse resolvida?
- Podemos aperfeiçoar a proposta de forma a retirar as questões que nos estão a atrasar?
- Há alguém que consiga oferecer mais melhorias?
- Há alguém que consiga sugerir uma forma de prosseguir que satisfaça todas as preocupações que foram apresentadas?
- Que melhorias ou alterações sugere que se façam à actual proposta para que se torne mais aceitável para si, ao mesmo tempo que continua a satisfazer os critérios "necessidade" que estabelecemos?
- Existe informação ou conselhos obtidos fora do grupo e que nos pudessem ajudar a resolver esta preocupação?

LIDE COM OPOSIÇÃO OU "BLOQUEIOS"

O que torna o consenso único e profundamente democrático é que cada elemento do grupo tem a possibilidade e a responsabilidade de bloquear uma proposta se acreditar que esta não serve da melhor maneira os interesses do grupo. Bloquear é uma forma de qualquer elemento impedir que uma proposta progrida.

Oposição legítima

Um elemento pode bloquear legitimamente uma decisão se acreditar que a solução proposta será prejudicial para a organização e não vê outra forma de a modificar a fim de evitar um impacto negativo. Entre as razões legítimas para bloquear ou apresentar um cartão vermelho à decisão incluem-se:

4 | Como lidar com o desacordo? (63)

- A proposta não satisfaz um ou mais critérios "necessidade" desenvolvidos pelo grupo.
- A proposta não é consistente com a missão e/ou valores da organização.
- A proposta viola a lei ou alguns padrões de ética partilhados e amplamente aceites.

Um bloqueio legítimo, quando é resolvido de forma eficaz, pode conduzir a decisões mais criativas e eficazes. Os elementos do grupo devem acolher e não ficar desagradados com a oposição legítima. Erguer um bloqueio legítimo pode requerer grande coragem e compromisso. Lembra-se do filme *Doze Homens em Fúria*? A personagem desempenhada por Henry Fonda bloqueou a decisão de todo um júri, porque acreditava que os seus membros estavam a apressar-se no sentido de um veredicto injusto baseados em critérios que não eram consistentes com os padrões legais de justiça e com critérios "necessidade", ou seja, culpado para lá de dúvida razoável.

Algumas das decisões mais inovadoras e eficazes que facilitei surgiram em resposta a um bloqueio de consenso.

> A função do facilitador é ajudar o grupo a considerar um bloqueio legítimo como uma oportunidade para procurar uma solução completamente nova e criativa.

Quando o grupo enfrenta a tarefa de procurar alternativas para a decisão proposta, estas perguntas revelam-se úteis:

- Que aspectos de propostas anteriores seriam aceitáveis para todos nós?
- Para além desta proposta, que alternativa é mais atractiva?
- Qual seria uma forma completamente nova de abordar este assunto?

Oposição ilegítima ou obstrutiva

No consenso, um indivíduo não pode bloquear uma decisão simplesmente porque não gosta dela. Um dos erros mais comuns é um bloqueio baseado nos valores pessoais, crenças ou interesses de um elemento do grupo. Este tipo de bloqueio não é legítimo no contexto de um processo de decisão baseado no consenso. Quando acontece um bloqueio ilegítimo, o grupo deve tentar imediatamente distinguir entre critérios de decisão, objectivos e interesses partilhados e individuais.

(64) Reuniões Eficazes

Se ouvir alguma destas razões para um bloqueio, é provável que não seja legítimo no contexto de consenso:

- *Esta proposta não se encaixa nos meus valores, crenças e necessidades pessoais.*
- *Esta proposta não é a minha primeira escolha ou preferência.*
- *Tenho um interesse pessoal que não está a ser tido em consideração.*
- *Não gosto da forma como o Joe me está a tratar nesta reunião e não vou concordar com nada até que eu seja respeitado.*
- *Não consigo explicar por que é que sou contra. Simplesmente sou.*

Bloquear deverá ser praticamente desnecessário se o grupo tiver feito o seu trabalho de casa antes da reunião. Estabeleceram critérios de decisão partilhados e foram expressos de forma transparente? Reuniram uma boa informação na qual basear a proposta? Solicitaram o *input* de outros durante o desenvolvimento da proposta?

É menos provável que elementos individuais bloqueiem se tiverem tido o tempo adequado para compreender a proposta, expressar preocupações e enfrentar essas preocupações. Bloqueios ilegítimos são menos prováveis quando o ambiente do grupo se baseia em finalidade partilhada, confiança e abertura.

Oposição baseada em valores pessoais

Há alguns anos, fiz parte do conselho de administração de uma organização sem fins lucrativos. O conselho estava a discutir uma oportunidade de um grande financiamento. A fonte desse financiamento era uma empresa local que por acaso era subsidiária de uma fábrica multinacional de cigarros. A nossa organização nunca tinha recusado uma doação e não tinha critérios estabelecidos nesta matéria. Na reunião, opus-me à contribuição baseando-me na minha rejeição pessoal da indústria tabaqueira e nas políticas pouco éticas da empresa ao longo dos anos. Outros membros do conselho analisaram as minhas perspetivas com grande cuidado.

O facilitador pediu aos membros do conselho para considerarem se queriam estabelecer uma política relativamente aos tipos de financiamento que não seriam aceites. Isto conduziu a uma discussão muito importante. No final, os membros do conselho decidiram que não sentiam que tal linha de orientação fosse no melhor interesse da organização naquele momento e que não existia um valor partilhado relativamente à indústria tabaqueira ou a qualquer outra.

4 | Como lidar com o desacordo? (65)

Nessa altura, tive de reconhecer que a minha oposição se baseava em valores pessoais e não em valores organizacionais. Também decidi que poderia continuar a fazer parte do conselho, apesar de não estarmos em consonância neste valor específico.

Este meu exemplo num conselho sem fins lucrativos ilustra o que os Quakers designariam por "colocar-se de fora". Colocar-se de fora é uma alternativa importante para partes interessadas decisoras, porque proporciona uma forma de uma grande preocupação pessoal ficar registada, ao mesmo tempo que evita que se tome uma posição obstrutiva. Aqueles que se colocam de fora estão geralmente a dizer: "Tenho uma forte objecção à proposta, com base nas minhas crenças ou valores pessoais. Não tenho energia de apoio suficiente para ajudar a implementação nem irei obstruí-la de alguma forma." Se mais do que uma pessoa ou um indivíduo cujo apoio é essencial para a implementação se colocar de fora numa decisão, é aconselhável que o facilitador mantenha o grupo no modo de deliberação.

Embora os valores individuais possam não ser uma base legítima para bloquear uma decisão, vale sempre a pena apresentá-los. Como ilustrado por este caso, apresentar uma preocupação que se baseie nos valores de um membro individual pode provocar uma discussão importante que clarifique os objectivos e convicções do grupo.

O tema central deste capítulo é que, quando tratado de forma eficaz, o desacordo pode produzir descoberta. Os elementos do grupo devem ser encorajados a apresentar preocupações legítimas, de forma a que o grupo consiga compreendê-las e resolvê-las. Os elementos do grupo têm a responsabilidade de bloquear uma decisão por razões legítimas, mas não porque simplesmente não gostam dela.

(5)
Seis armadilhas que destroem o consenso

Neste capítulo irá aprender:

- como lidar com situações que impedem uma decisão de consenso
- quais são as armadilhas mais comuns

Ser facilitador de um grupo é uma arte e facilitar decisões baseadas no consenso é o topo dessa forma de arte. Pode ser um dos tipos de processos de decisão mais desafiantes de facilitar – e um dos mais compensadores.

Quanto mais se facilita processos baseados no consenso, mais provável é que se encontrem "armadilhas" que podem causar uma falha desnecessária no processo. Nem todos os processos de consenso conduzem a uma decisão de consenso. Tal como descrito no Capítulo 4, há razões legítimas para que o consenso não seja alcançado. No entanto, tem de se aprender a reconhecer e a lidar construtivamente com os comportamentos disruptivos que destroem o espírito e a prática do consenso.

Vamos observar algumas das armadilhas mais comuns que podem destruir um processo de consenso.

AUSÊNCIA DE ELEMENTOS EM REUNIÕES FUNDAMENTAIS

De vez em quando, um elemento do grupo aparece numa reunião depois de ter faltado a uma ou mais discussões importantes. Este elemento espera participar na decisão, apesar de não ter conhecimento de factos e de perspectivas importantes partilhados em reuniões anteriores. Pode desperdiçar-se tempo valioso a tentar colocar esta pessoa a par dos acontecimentos. Ou, pior ainda, o indivíduo pode tomar uma posição inflexível com base numa premissa pouco informada.

Formas de evitar e/ou intervir

- Quando organizar o grupo, estabeleça a priori um acordo relativamente à assiduidade. Identifique um padrão de assiduidade às reuniões que qualifique os elementos a participar nas decisões. Aqueles que excederem o padrão poderão continuar a participar na discussão e a expressar opiniões, mas não poderão participar na decisão de aprovação propriamente dita.
- Introduza um procedimento onde os elementos que faltem tenham de procurar proactivamente ser informados por escrito, pessoalmente por outro elemento ou de ambas as formas, antes da reunião seguinte. Os elementos que não se informarem perdem o seu papel na tomada de decisão.
- Nomeie representantes "suplentes". Um suplente é particularmente útil quando for provável que o processo de decisão dure vários meses. Os suplentes assistem a todas as reuniões como observadores quando o representante principal estiver presente. Se este faltar, o suplente torna-se decisor.

ELEMENTOS QUE DOMINAM AS ATENÇÕES

Pode já ter participado em reuniões durante as quais um elemento dominante ou mordaz levanta repetidamente o mesmo assunto uma e outra vez, mesmo após este ter sido respondido. Este tipo de pessoa torna-se por vezes quezilento, repete a mesma ideia várias vezes ou defende opiniões ilógicas. Os elementos que dominam as atenções estão muitas vezes à procura de atenção ou a utilizar o grupo para resolver um assunto pessoal que não está relacionado com a finalidade do grupo.

Formas de evitar e/ou intervir

- Determine se a preocupação apresentada repetidamente pelo elemento dominante é relevante para a finalidade e para os critérios de decisão do grupo. Se for, peça a elementos do grupo que forneçam factos e informação que lhe respondam. Se não for relevante, explique porquê.
- Enquanto facilitador, registe a ideia do indivíduo e reconheça que foi ouvida e como é que foi resolvida. Se for necessário, interrompa e pergunte aos elementos do grupo se sentem que o assunto foi resolvido. Relembre gentilmente ao indivíduo a regra-base relativamente a repetir-se.

"Obrigado, Sally. Como já mencionou três vezes a questão da água potável para beber, quero salientar que registámos a questão aqui no quadro tal como a descreveu. Assim como escutámos o que era importante para si, quero certificar-me de que ouvimos todos. Investimos os últimos 15 minutos a explorar consigo como é que esta questão está relacionada com a decisão que este grupo tem de tomar hoje. Foi isto que ouvimos... Está satisfeita que a tenhamos escutado? Parece-me que o grupo está pronto a avançar para lá desta questão. Estou certo? Ok, vamos então ouvir aqueles que têm estado mais calados até agora."

- Se o elemento dominante persistir, esclareça que todos os elementos aceitaram a responsabilidade de obedecer à agenda e às regras-base. Sugira que é importante que se avance. Peça ao indivíduo que se retire do grupo a não ser que esteja disposto a participar de forma cooperante.

BLOQUEIOS OBSTRUTIVOS

No capítulo anterior definimos *bloqueios legítimos* como oposição baseada em critérios e objectivos que são partilhados pelo grupo. Esta forma de oposição é uma parte apropriada e comum do consenso. Embora todos os elementos do grupo tenham o direito de desafiar qualquer proposta, também é responsabilidade do grupo como um todo determinar se a oposição é legítima.

Os bloqueios obstrutivos são, de forma mais comum, baseados em interesses e necessidades pessoais. Aqueles que apresentam bloqueios obstrutivos podem recusar permitir que outras ideias que não as suas sejam consideradas. Este tipo de oposição viola o espírito de consenso e pode assumir o controlo do processo.

Formas de evitar e/ou intervir

- Certifique-se de que a preocupação é ouvida. Teste os factos e as crenças por detrás da preocupação (ver questões na página 62). Relembre os participantes de que consenso significa compromisso para com uma decisão que defende os *interesses partilhados do grupo*. Pergunte de que forma é que as razões para a oposição estão relacionadas com os critérios de decisão e os interesses partilhados do grupo.
- Investigue se o bloqueio tem que ver com preferências ou valores individuais que podem ser diferentes dos valores da organização ou grupo. Por vezes um grande fosso entre os valores de um elemento do grupo e os da organização resulta na saída do elemento ou numa nova análise dos valores partilhados do grupo. (Ver o Exemplo nas páginas 64 e 65.)
- Por vezes, um elemento do grupo não está disposto a ver que a fonte da sua oposição não é apropriada a um processo de consenso (ver definição de *bloqueio legítimo* nas páginas 62 e 63), independentemente do quanto os princípios e as regras-base são descritos de forma clara. Nestes casos, tem de ser tomada a decisão difícil de pedir ao elemento que abandone o grupo. Isto deve ser feito de uma forma que preserve a dignidade do indivíduo e reduza a possibilidade de humilhação pública.

"Pablo, o grupo respeita as suas convicções pessoais sobre vegetarianismo e não poderia impor-lhe nem solicitar-lhe que vivesse de uma forma que para si não tivesse integridade. Neste momento,

> este supermercado não fez a escolha filosófica de excluir produtos de carne da sua selecção de mercadorias. A missão desta loja é oferecer 'comida saudável, orgânica', o que inclui carnes orgânicas, de alimentação em pastos. Hoje estamos a tentar seleccionar produtos que se insiram no âmbito dos nossos valores e critérios existentes. Apesar de o termos perguntado hoje, não ouvi qualquer elemento do Comité Consultivo para os Produtos expressar apoio pela posição de que devíamos reanalisar a nossa missão e critérios de selecção de produtos. É o tipo de questão filosófica que teria de levantar no Conselho de Administração. Até que a nossa missão e critérios para produtos sejam alterados, não podemos aceitar os seus motivos para bloquear esta decisão específica."

PRESSÃO SOBRE ELEMENTOS PARA QUE CONCORDEM (TÁCTICAS COERCIVAS)

Por vezes alguns elementos tornam difícil que outros apresentem uma preocupação e oposição legítimas. Os elementos que têm opinião diferente são levados a sentir que estão "a atrapalhar o acordo" ou a "impedir o processo de tomada de decisão". Por vezes há elementos coercivos que aplicam pressão explícita ou implícita em elementos com opinião diferente, para que estes concordem com os desejos da maioria. O perigo das tácticas coercivas é que podem resultar num acordo tácito sem que haja um verdadeiro apoio da decisão.

Quando interesses pessoais interferem

Elementos de uma equipa de selecção de vendedores estavam a discutir a que fornecedor seria atribuído um contrato de serviço de vários milhões de dólares. Diversos elementos da equipa pareciam preferir um vendedor que tinha cumprido muito poucos dos critérios estabelecidos pela equipa. Tomaram posições fortes e aparentemente irracionais a favor desse vendedor. Aplicaram tácticas intimidatórias durante e fora das reuniões da equipa. Por fim, descobriu-se que esses elementos tinham recebido grandes "presentes" por parte desse vendedor que preferiam. Foi-lhes retirado o direito de participarem na decisão.

Formas de evitar e/ou intervir

- No início do processo, sublinhe que todos os elementos têm não só o direito mas também a *responsabilidade* de expressar preocupações ou oposição a uma proposta. Recorde aos elementos do grupo de que estão envolvidos numa busca cooperante de uma solução que satisfaça os interesses do grupo. Mais importante ainda, avise a equipa de que os desafios construtivos elevam o nível da qualidade e criatividade da decisão.
- Se observar que há elementos do grupo a serem pressionados para que concordem, indique-o e redireccione a atenção dos elementos para uma resposta legítima às preocupações que estejam a ser apresentadas. Relembre o grupo de que decisões com base na pressão para que se concorde não são sustentáveis, pois não têm qualquer compromisso por detrás delas.

CANSAÇO E/OU FRUSTRAÇÃO DO GRUPO

De forma geral, quanto mais complexa e controversa for uma decisão, mais tempo demora a alcançar-se o consenso. Durante o decorrer de uma reunião, os seus elementos podem começar a ficar cansados. À medida que tal acontece, os participantes ficam muitas vezes frustrados, impacientes e chatos – não são propriamente os ingredientes com que são feitas as grandes decisões.

Formas de evitar e/ou intervir

- Ao planear a agenda, antecipe as decisões que poderão requerer uma abordagem de vários passos. Se necessário, obtenha apoio para uma série de reuniões em vez de um único evento.
- Expresse encorajamento e optimismo. Reconheça e legitime a frustração (*Sei que este é um trabalho difícil e vejo que se sentem frustrados neste momento*). Relembre aos participantes a importância do seu objectivo e encoraje-os a continuar.
- Repita os comentários para o grupo e peça sugestões. (*Disse que se sentia frustrado com a lentidão. Algumas sugestões de como poderemos avançar com mais eficiência?*) Ofereça as suas próprias observações e ideias baseadas no que ouviu.
- Relembre o grupo por que motivo foi escolhida uma abordagem de consenso e como é provável que compense a longo prazo. (*O tempo que investem a tentar chegar a uma decisão que todos consigam apoiar irá compensar quando for altura de implementar.*) Mostre-lhes o progresso que fizeram até àquele momento e como cada acordo forma uma base para o próximo.

- Se sentir que a reunião está a afundar-se porque os elementos não têm as competências de processo certas, avalie a reunião com o grupo para identificar o que eles poderão ter de aprender. Considere incluir alguma formação sobre boas práticas de consenso ou de reunião.

ELEMENTOS SILENCIOSOS

Os elementos do grupo, particularmente os elementos de uma representação minoritária, nem sempre se sentem confortáveis a expressar as suas preocupações, a oferecer ideias ou a desafiar propostas que parecem ter o apoio da maioria do grupo. Adicionalmente, alguns simplesmente não se sentem confortáveis a falar para grandes grupos. Se os elementos não se expressarem durante o processo de tomada de decisão, é provável que saiam da reunião menos do que comprometidos para com as decisões.

Formas de evitar e/ou intervir
- Efectue um questionário antes da reunião para identificar preocupações gerais e sugestões relativamente à proposta. Resuma-as para o grupo sem identificar os comentários.
- Disponibilize oportunidades para discussão em pequenos grupos. Depois de pequenos grupos terem discutido um assunto, designam um porta-voz para apresentar as suas ideias e perspectivas ao grupo inteiro.
- Se verificar que alguns elementos estão particularmente calados, pergunte-lhes durante o intervalo se há alguma coisa que gostariam de dizer mas que não conseguem ou não querem fazer. Relembre-lhes a sua responsabilidade de expressar as suas opiniões e encoraje-os a levantar eles próprios a questão ou a encontrar alguém que o faça por si.
- Utilize a abordagem da "roda". Para questões importantes ou ideias de decisão, pode pedir a cada elemento que expresse a sua opinião simplesmente dando a volta à mesa ou à sala. Mesmo neste processo, os participantes devem ter a opção de "passar" se realmente não tiverem nada a dizer sobre o assunto.

Quer se esteja a lidar com alguém que domina as atenções, com um elemento tímido ou com um faltoso crónico, é muitas vezes útil e apropriado explorar com esse elemento de que forma o seu comportamento serve da melhor maneira os interesses do grupo.

(74) Reuniões Eficazes

Como abordámos neste capítulo, há várias armadilhas que podem destruir o consenso, desde elementos que faltam a reuniões importantes, que dominam as atenções ou apresentam bloqueios ilegítimos, ao cansaço e frustração do grupo. Um facilitador pode ajudar os grupos a evitar estas armadilhas relembrando-lhes as regras-base e mantendo o enfoque nos passos básicos e construtivos do consenso. O próximo capítulo oferece recomendações para reuniões de consenso eficazes.

(6)
Dez dicas para melhores reuniões de consenso

Neste capítulo irá aprender:

- técnicas a utilizar para tornar as reuniões mais eficazes
- quais são as regras-base em causa
- a avaliação do processo de decisão

Todos os facilitadores de grupos têm um conjunto preferido de ferramentas e técnicas para ajudar a que se colabore eficazmente. Apresento aqui dez dicas que acredito serem muito úteis em processos de decisão baseados no consenso.

Quando e como utilizar estas sugestões é algo que lhe será transmitido pelo seu próprio estilo e intuição. Por exemplo, não lhe posso dizer exactamente quando deve utilizar o silêncio ou um intervalo como intervenção. É um discernimento que irá ganhar através da sua própria experiência e experimentação. Adicionalmente, estas dicas não pretendem ser fórmulas ou receitas. De facto, incito-o a modificá-las para que se tornem expressões autênticas da sua abordagem única à facilitação.

ESTABELEÇA REGRAS-BASE CLARAS

Regras-base são acordos partilhados sobre o comportamento aceitável dos elementos do grupo. De facto, esta é muitas vezes a primeira decisão baseada no consenso que se pede a um grupo que tome. As regras-base criam um padrão colectivo para o comportamento e, portanto, permitem que o facilitador ou outros elementos do grupo intervenham quando estas não estiverem a ser cumpridas. Cada grupo deve criar as suas próprias regras-base para que os seus elementos fiquem com uma sensação de posse e compromisso para com elas.

Modelo de regras-base de consenso:
- ☐ Partilhar ideias aberta e sucintamente.
- ☐ Ouvir abertamente ideias, preocupações e críticas de outros.
- ☐ Expressar desacordo e preocupações de forma construtiva.
- ☐ Evitar argumentar a favor da minha própria posição ou ideia.
- ☐ Decidir com base no que é melhor para a organização.
- ☐ Procurar soluções de base comum ao colocar questões de "e se".
- ☐ Aceitar apenas quando uma proposta fizer sentido para mim.
- ☐ Retirar preocupações à medida que forem resolvidas.
- ☐ Colocar questões para revelar informação importante e crenças.
- ☐ Encorajar activamente os outros a falar.
- ☐ Aceitar as críticas e o desacordo como uma fonte construtiva de recursos.

☐ Fazer uma pausa para reflectir sobre o que foi dito antes de partilhar ideias.
☐ Evitar repetir o que já foi dito.
☐ Não concordar apenas para evitar o conflito.
☐ Encorajar a discussão minuciosa e o desacordo.

UTILIZE UMA "MEMÓRIA DE GRUPO"

Designe um redactor para tomar notas num quadro. Sempre que possível, peça a um elemento neutro (por exemplo alguém que não esteja envolvido na decisão) para desempenhar essa tarefa. Este toma notas num quadro ou noutro meio que seja visível para todos os elementos do grupo. À medida que a discussão evoluir, os elementos do grupo podem consultar as notas para confirmar o que já foi dito e acordado.

Uma memória de grupo é particularmente útil quando se está a desenvolver critérios de decisão, a listar preocupações, a categorizar ideias e a aperfeiçoar propostas. Certifique-se de que quem toma as notas limita a quantidade de repetições e consulta o grupo para confirmar o que escreve.

Antes de qualquer decisão final de consenso, deve ser apresentada uma versão escrita da proposta, para que os elementos do grupo possam rever a linguagem específica. Depois das reuniões, o redactor transcreve as notas e distribui-as como minutas da reunião.

DISTINGA CRITÉRIOS "NECESSIDADE" DE "DESEJO"

À medida que o grupo for identificando os critérios relativamente aos quais irá avaliar as propostas (ver página 50 para uma descrição deste passo do processo), é importante que seja feita uma distinção entre critérios "necessidade" e "desejo". Relembrando, os critérios "necessidade", também conhecidos por "impede acordos", são padrões que a proposta tem de satisfazer para que seja adoptada pelo grupo. Os critérios "desejo" podem ser aceitáveis, mas não são essenciais para uma decisão de consenso. Adicionalmente, alguns critérios "desejo" são mais importantes do que outros. Em alguns casos, é útil designar se cada critério "desejo" é de importância elevada, média ou baixa.

UTILIZE SILÊNCIOS E PAUSAS

Há formas muito úteis de aplicar o silêncio como uma ferramenta na construção do consenso. Primeiro, introduza no grupo uma norma de se fazer uma pausa de 15 a 30 segundos depois de cada um falar. Uma pausa curta mas importante dá aos participantes a oportunidade de reflectir sobre o que foi dito e de decidir o que pensam sobre uma ideia que foi partilhada. Esta prática reduz a grande frequência de interrupções e respostas intempestivas. Cria um ambiente mais respeitoso no qual é dada toda a atenção às ideias apresentadas.

Uma segunda forma de utilizar o silêncio é sugerir um período prolongado (cinco a 15 minutos) de reflexão silenciosa após uma apresentação ou debate. Esta é uma intervenção particularmente eficaz quando parecer que o debate chegou a um "beco sem saída" ou os elementos do grupo se estiverem a começar a sentir frustrados. O silêncio prolongado é diferente de um intervalo, pois está a pedir especificamente que "trabalhem individualmente" no problema presente. Antes de sugerir uma pausa prolongada, é útil resumir a situação em que está o debate e fornecer perguntas claras sobre as quais os participantes possam reflectir.

> "Façamos um resumo da proposta que temos. As preocupações identificadas são… e as sugestões fornecidas até agora para responder a essas preocupações são… Sugiro uma pausa de dez minutos para reflectirmos individualmente sobre esta questão (escrita num quadro): Que proposta modificada ou totalmente nova irá responder às preocupações que se mantêm? Se for útil, podem ir tomando notas à medida que reflectirem individualmente sobre o assunto.

ATRIBUA QUESTÕES E TAREFAS PARA DIVIDIR GRUPOS

Em grupos compostos por mais de dez elementos, é útil dividi-los de vez em quando em outros de três elementos ou pequenos grupos. Defina uma questão ou tarefa e peça a cada grupo para trabalhar na sua e para apresentar o seu trabalho ao grupo completo.

Dividir grupos produz muitas vezes uma maior diversidade de ideias, pois há menos oportunidade de se desenvolver um "raciocínio de grupo". Outra vantagem da divisão em grupos é que estes permitem a participação daqueles que não se sentem confortáveis a falar num grupo grande.

CRIE DEBATES REPRESENTATIVOS

Em grupos grandes muitas vezes é difícil ouvir opiniões de todos os elementos sobre todos os assuntos. Os debates representativos permitem que se discutam e apresentem diferentes pontos de vista enquanto outros ouvem e reflectem sobre o que está a ser dito. O facilitador escolhe quatro ou cinco elementos do grupo para representarem diferentes perspectivas sobre uma questão (por exemplo: O que é que os nossos critérios de decisão devem incluir?). Depois pede-se a estes elementos que debatam a questão de acordo com a sua perspectiva, enquanto o resto do grupo assiste à discussão.

Nalgumas versões de debates representativos, os elementos do círculo externo (observadores) podem tocar no ombro de elementos do círculo interno como sinal de que gostariam de trocar e entrar no debate representativo a fim de apresentarem uma perspectiva ainda não expressa.

No final do debate representativo, todos os elementos do grupo discutem o que ouviram e identificam os esclarecimentos e as ideias mais importantes. Esta técnica é particularmente útil para explorar simultaneamente um assunto em profundidade enquanto permite que outros elementos do grupo reflictam de forma crítica sobre o que é dito.

ORGANIZE OS PARTICIPANTES

Quando vários elementos do grupo quiserem falar ao mesmo tempo, este é um método útil para colocar ordem na discussão. Organizar significa simplesmente atribuir uma ordem a quem irá falar a seguir.

> "Ok, estou a ver que várias pessoas querem falar sobre este assunto. Vamos dar a volta à mesa para criar uma sequência. John, quer começar? Depois vamos ouvir o Frank, a Samantha e a Linda, por esta ordem. Há mais alguém que queira entrar nesta ronda de comentários? Digam-me, que serão incluídos."

(80) Reuniões Eficazes

Enquanto facilitador, mantenha-se neutro relativamente a quem escolhe para falar e onde os coloca na sequência de intervenientes. Dê a palavra alternadamente entre os dois lados da mesa ou os cantos da sala, para que a sua neutralidade seja evidente para os outros.

Assim garante aos participantes que terão uma oportunidade para falar e permite que se concentrem no que os outros estão a dizer, em vez de perderem energia à procura de uma oportunidade para falar. Contudo, a organização pode ser demasiado estruturada quando uma discussão exigir uma troca de ideias mais fluida sobre determinado assunto.

FAÇA UM INTERVALO

Já houve dezenas de vezes em que trabalhei com um grupo que tinha chegado a um grande impasse. Esforçava-se por aperfeiçoar a sua proposta de forma a resolver preocupações importantes ou a ultrapassar grandes fontes de oposição. Nestas alturas, as pessoas geralmente sentem-se cansadas, ficam sem paciência e algumas podem sentir-se chateadas com quem não apoia a proposta. Nestes casos, descobri que o melhor que posso fazer pelo grupo é introduzir um intervalo de 10 ou 15 minutos. Além de fornecer uma oportunidade para se "esticar as pernas", ir à casa de banho e comer ou beber qualquer coisa, este *timeout* serve para aliviar alguma da tensão acumulada na sala.

O intervalo também proporciona que os elementos do grupo se relacionem uns com os outros a um nível pessoal. Estas conversas mais particulares muitas vezes atenuam diferenças interpessoais e constroem pontes que permitem que um grupo alcance o consenso com mais rapidez.

UTILIZE AS TECNOLOGIAS COM SENSATEZ

Ferramentas como o correio electrónico, questionários *on-line*, mensagens instantâneas e blogues tornaram-se uma forma de vida numa era de alta tecnologia. Com as equipas dispersas geograficamente e as organizações globais a aumentar, a tecnologia torna possível que partilhemos ideias e tomemos decisões em conjunto, apesar de não estarmos na mesma sala. Estas ferramentas permitem-nos deliberar e decidir ultrapassando fusos horários, distâncias físicas e até línguas.

Embora a troca de ideias através de um texto possa criar uma sensação de ordem, precisão e objectividade, há alguns sinais importantes que se podem perder na transmissão – emoção, relacionamento, compreensão partilhada, propriedade e predisposição para se ser influenciado por outros. Estes ingredientes-chave para decisões de elevado compromisso são especialmente vulneráveis quando se utiliza tecnologia baseada em texto e precisam de ser salvaguardados. Quando ponderar utilizar tecnologia num processo de decisão por consenso, considere os seguintes pontos:

Nesta fase do processo, a utilização de determinada tecnologia irá possibilitar ou impedir:
- a oportunidade de se ser ouvido e de influenciar em igualdade o processo?
- a expressão de *nuances* e emoções importantes associadas ao tema?
- a utilização do desacordo como uma força positiva e uma fonte de pensamento criativo?
- uma decisão que sirva os interesses e as necessidades de todo o grupo?

A minha recomendação: Quando um grupo necessitar de tomar decisões em que esteja muito em risco, tente fazê-lo através de uma comunicação simultânea cara a cara, olhos nos olhos, voz na voz. Quando não for possível reunir na mesma sala todos os decisores, prefiro a videoconferência ou a conferência telefónica. Apresento-lhe agora algumas das acções a fazer e a não fazer relativamente à utilização da tecnologia quando a comunicação pessoal e em tempo real não for possível.

Fazer	Não Fazer
• Utilizar o correio electrónico, questionários *on-line* e blogues para reunir ideias e perspectivas antes de uma interacção mais pessoal (p. ex. uma reunião, uma conferência telefónica ou uma videoconferência).	• Utilizar tecnologia baseada no computador quando algum dos participantes na decisão não tiver acesso imediato ou experiência com o computador.
	• Tentar manter uma deliberação longa ou tomar uma decisão complexa através de correio electrónico, mensagens instantâneas ou blogue.

Fazer	Não Fazer
• Levar o grupo a comprometer-se para com um conjunto de "melhores práticas" para a comunicação por texto. Estas incluem utilizar linguagem precisa, perguntar quais as perspectivas dos outros, equilibrar críticas com valorização, evitar dominar as atenções ou repetir a mesma ideia e identificar o tom dos comentários quando houver a possibilidade de que este possa ser mal interpretado.	• Utilizar programas de *software* de sondagens e de tomadas de decisão que encorajam as pessoas a estar na mesma sala, mas a interagir mais com o ecrã do computador do que umas com as outras e a expressar opiniões anónimas em vez de se assumirem como autores das suas ideias.
• Quando todos os participantes na decisão tiverem acesso a computador e deliberar à distância for a única opção, considere utilizar ferramentas de reunião através da *Web* que lhe permitem falar ao telefone ao mesmo tempo que revê e aperfeiçoa um produto do trabalho comum *on-line*.	• Responder imediatamente se estiver tentado a dar uma resposta emotiva ou estiver a fazer suposições sobre os motivos dos outros. • Confrontar por correio electrónico aqueles que não estão a seguir as regras descritas na coluna "Fazer" (nesta situação é melhor fazer um telefonema ou conversar pessoalmente).

AVALIE A REUNIÃO

A forma de os grupos melhorarem a sua capacidade de tomar decisões de consenso é através da prática e da reflexão. Planeie um segmento de dez minutos no final da reunião para se discutir como correu o processo. Esta é uma oportunidade para os elementos do grupo comentarem o que observaram e aprenderam. Geralmente os participantes irão levantar questões e temas relacionados com o processo de reunião, o comportamento de elementos do grupo, o tom da reunião e o nível de satisfação relativamente aos resultados.

6 | Dez dicas para melhores reuniões de consenso

A avaliação da reunião não é um momento para rever alguma das decisões ou temas importantes abordados durante a reunião. Uma avaliação eficaz irá ajudar os participantes a identificar o que correu bem e a reflectir sobre como melhorar o que não correu tão bem para a próxima reunião. No final da discussão de avaliação, o facilitador deverá resumir o que foi dito e ajudar o grupo a traduzir essas ideias em compromissos para reuniões futuras.

Modelo de avaliação do processo de decisão:
- ☐ Quais foram os resultados mais satisfatórios desta reunião?
- ☐ O que é que foi menos satisfatório?
- ☐ Tendo em mente a forma como abordámos a tomada de decisão partilhada, o que é que fizemos bem?
- ☐ O que é que poderíamos melhorar e como?
- ☐ Que compromissos podemos assumir para melhorar a forma como tomamos decisões em conjunto?

As dicas sugeridas neste capítulo são passos úteis que pode dar para garantir que as reuniões de grupo não sejam obstruídas ou postas em segundo plano. Reservar algum tempo para completar a avaliação na reunião final dá aos elementos do grupo a oportunidade de identificar onde poderão ser feitas melhorias. O capítulo seguinte volta às raízes do consenso e partilha uma perspectiva mais pessoal sobre a utilização eficaz deste processo de tomada de decisão.

(7)
Rumo a decisões em que todos se comprometem

Neste capítulo irá aprender:

- como ultrapassar os momentos mais difíceis
- a recorrer a ferramentas de controlo

Decidir reunir pessoas – para decidir em conjunto – é um acto de coragem para o líder. É admitir de forma arrojada e, em alguns locais, radical de que os líderes formais não têm todas as respostas. É o reconhecimento de que algumas vezes a função do líder é simplesmente organizar uma reunião. Digo "simplesmente" organizar uma reunião, mas, como deve ser óbvio por este livro, organizar uma reunião não é simples nem fácil quando se trata de temas realmente importantes.

Alguns dias são mais difíceis do que outros. Lembro-me de ser o facilitador de uma reunião, em que era preciso tomar-se uma decisão importantíssima, com 24 líderes seniores da empresa, que se tinham juntado vindo de várias partes dos EUA e da Ásia. A reunião durou quase dez horas, porque o grupo sentia que não podia ir embora sem uma direcção clara que todos os elementos do grupo apoiassem activamente. No decorrer da deliberação, as necessidades foram apresentadas, os objectivos comuns foram identificados e foram reveladas as agendas escondidas. No final da reunião, todos estavam exaustos mas satisfeitos com a compreensão de que tinham criado muito mais do que apenas uma decisão de política. O processo de consenso transformou a relação desses líderes com a empresa e entre eles. Desenvolveu um nível de frontalidade e de colaboração que criou condições para um esforço de revitalização por toda a empresa.

Enquanto desempenhava o meu papel de facilitador naquela reunião, senti como se me encontrasse num furacão de assuntos complexos e de emoções fortes. Era assustador, entusiasmante e extenuante – muitas vezes ao mesmo tempo. Partilho esta experiência porque não tenho dúvidas de que algum dia irá encontrar-se numa situação semelhante.

> As tempestades fazem parte da paisagem natural da tomada de decisão participativa, tal como fazem parte da natureza.

Nos "momentos furacão", sei que seria fácil para mim sentir-me um pouco perdido. Poderia sentir-me derrotado e ansioso relativamente à minha capacidade de ajudar o grupo a chegar a uma decisão partilhada. Poderia recear parecer incapaz. Por vezes fico chateado com elementos do grupo porque se agarram ao seu resultado preferido. Luto para não me deixar levar pelas emoções fortes que outros expressam, pois sei que é minha função ser aquele na sala que não se entusiasma num momento de grande emoção ou exaustão. Quando um grupo está à espera que eu seja a calma no meio da tempestade, em que é que me posso apoiar para evitar que desapareça? O que é que me permite manter os dois pés no chão, a cabeça na discussão e o meu coração ligado ao grupo?

> Quando o trabalho é mais difícil, dou por mim a apoiar-me em três coisas: nos princípios do consenso, nas vozes dos professores e nos meus objectivos e valores pessoais.

VOLTAR ÀS RAÍZES DO CONSENSO

Uma árvore é tão forte como as suas raízes. De igual modo, qualquer discussão de consenso é tão robusta como o compromisso dos seus elementos para com as crenças essenciais do consenso. Geralmente não é suficiente rever estes conceitos no início de um processo de consenso. Estas crenças (ver páginas 19 e 20) não são comuns em muitas culturas organizacionais e, portanto, têm de ser revistas e discutidas com regularidade até se tornarem parte do raciocínio e linguagem natural do grupo. Acredito que quando um grupo fica "preso", muitas vezes é porque os seus elementos se esqueceram ou ficaram confusos relativamente às definições básicas ou aos princípios que guiam o consenso.

> Trazer a discussão de volta ao caminho certo é muitas vezes tão simples como dizer algo do género: *"Parece-me que é uma boa altura para vos relembrar o que significa chegar a uma decisão de consenso. Não atingem realmente o consenso até cada um de vocês conseguir dizer que 'Eu acredito que esta é a melhor decisão para a organização neste momento e vou apoiar a sua implementação.'"*

Também sei que nem todos os processos de decisão precisam necessariamente de resultar numa decisão de consenso. Como facilitador, tenho de me lembrar que não posso obrigar o grupo a chegar a um consenso. E também não posso criar as condições prévias necessárias para tornar o consenso possível (ver página 21). Recordo-me que após uma longa reunião em que um grupo foi incapaz de chegar a um consenso, um participante disse: "Deus não conseguia que chegássemos hoje a um consenso." Por vezes tenho de me relembrar onde é que o meu papel e os meus talentos começam e acabam.

RECORDAR AS VOZES DOS MEUS PROFESSORES

Com a idade, passei a recorrer com mais frequência àqueles que me ensinaram lições importantes que permanecem comigo nos momentos mais desafiantes. Apresento aqui algumas lições que me acalmam, inspiram e guiam quando me sinto desafiado durante um processo de construção de consenso.

Quando me estou a sentir derrotado pelo drama do momento, lembro-me das palavras de William Ury: "Vai para a varanda". Em *Getting Past No: Negotiating Your Way from Confronting to Cooperation*, Ury explica que a varanda é uma metáfora para uma atitude de distanciamento emocional. Tem que ver com manter-se concentrado naquilo que está realmente a tentar conquistar, ao mesmo tempo que se distancia das reacções muito naturais que surgem no calor do conflito.

Quando sinto pressão da minha parte ou do grupo para fazer o processo avançar mais rapidamente, lembro-me para abrandar. Peter Block ensinou-me isso. No seu livro *The Answer to How Is Yes: Acting on What Matters*, Block aconselha: "Por vezes, o único objectivo é ir mais depressa. Agir sobre o que é mais importante significa saber a diferença entre andar depressa e saber onde se está a ir... Se caímos na tentação da rapidez, sabotamos as nossas estratégias e modelos no mundo" (p. 79).

Quando percebo que estou a elaborar processos demasiado complicados, Margaret Wheatley relembra-me o valor da simplicidade em *Turning to One Another: Simple Conversations to Restore Hope to the Future*: "Dei por mim a desistir do simples mais do que uma vez porque me apercebi de que deixaria de ser necessária. Estes são momentos úteis que me forçam a clarificar o que é mais importante – o meu estatuto de especialista ou de garantir que o trabalho é bem feito" (p. 20).

Quando me começo a desorientar e tenho a certeza de que o meu "falhanço" público será tão doloroso como a própria morte, recorro à observação de Woody Allen no filme *Nem Guerra nem Paz* (1975): "Há coisas piores na vida do que a morte. Já passou um serão com um vendedor de seguros?" O consenso é muitas vezes utilizado no contexto de assuntos graves e decisões de alto risco. Mas lá porque os assuntos são graves, isso não significa que não os possamos abordar com boa disposição e humor. Incito-o a encontrar formas de exemplificar isto no seu trabalho com grupos.

Por fim, quando me tento lembrar e não encontro um professor que responda à minha questão premente ou resolva o meu receio mais profundo, posso sempre utilizar um princípio que me foi ensinado por Susan Scott: "Obedeça aos seus instintos" (*Fierce Conversations: Achieving Success at Work and in Life, One Conversation at a Time*).

7 | Rumo a decisões em que todos se comprometem (89)

> Quando parecer mais arriscado, incito-o a escutar a sua própria avaliação e sabedoria acumulada. Irá ter sucesso.

CONTACTAR COM O MEU OBJECTIVO E VALORES

Este livro é sobre conhecimento, competência e método. Portanto, a última coisa que quero fazer é menosprezar a noção de competência. A competência é importante. Contudo, já vi muitos facilitadores falharem com grupos porque não eram autênticos, transparentes ou não se baseavam no contributo que deveriam fazer. Tinham aquilo que alguns designam por "agendas pessoais". Queriam ser vistos como especialistas. Queriam que o grupo gostasse deles. Precisavam de ser necessários.

> Nos momentos mais difíceis, estes tipos de agenda irão derrotá-lo e, mais importante, irão colocar em risco o sucesso do processo.

Tenho um ritual pessoal que executo antes de facilitar qualquer reunião, independentemente do quanto eu espero que a reunião vá ser difícil. Respondo a três perguntas e prenuncio as respostas em voz alta. Isto funciona muito bem quando estou sozinho num quarto de hotel, mas pode criar alguns momentos de embaraço se for obrigado a fazê-lo num avião ou no Starbucks durante a preparação final. As perguntas são:

- Estou aqui para contribuir com o quê para este grupo? (E com o que é que eu não estou aqui para contribuir?)
- Qual é a minha verdadeira motivação para fazer este trabalho com este grupo? (E que motivos não podem entrar comigo na sala?)
- Quais são as crenças inabaláveis sobre pessoas, o meu trabalho e o valor da tomada de decisão por consenso que irão ser hoje a minha base – especialmente se as coisas se complicarem?

As minhas respostas a estas perguntas evoluíram ao longo dos anos, tal como as suas irão evoluir. Não acredito que haja respostas certas, apenas respostas honestas. E ao conhecê-las, poderá decidir que não é a pessoa certa para trabalhar num processo de consenso de grupo. Não faz mal. Nem todos o são.

Nos parágrafos anteriores utilizei a linguagem geralmente aceite da "construção" do consenso. Mas, de acordo com a minha experiência, o consenso é mais como *esculpir*. Começamos com as matérias-primas de factos, crenças e posições que, em fases iniciais da discussão, podem parecer inflexíveis. O diálogo profícuo, ouvir, reconhecer e perguntar são as ferramentas que suavizam as posições dos elementos do grupo e permitem que estes conjuguem de forma criativa as suas ideias.

> Temos o consenso no seu melhor quando combinamos ideias diferentes, ou até contrárias, para criar algo totalmente original e que responde verdadeiramente ao problema que estamos a tentar resolver.

Escuto frequentemente líderes falar de forma poética sobre a sua desilusão com as pessoas. Ambicionam colaboradores que tomem mais iniciativa no seu trabalho. Desejam cidadãos que se preocupem mais com o que se passa na sua comunidade. Perguntam onde podem encontrar elementos de uma organização que se queiram envolver mais. O que eu ouço estes líderes a pedir é pessoas que se envolvam e invistam – o corpo, a mente e o coração. Chamo-lhe um estado de elevado compromisso. Não é algo que se limita a acontecer. As pessoas comprometem-se e perseguem apaixonadamente os futuros que ajudaram a moldar. Não acredito que a complacência e a resistência sejam o estado natural da maioria. Queremos comprometer-nos com algo. Queremos ter discussões importantes sobre coisas que realmente nos interessem. Temos um profundo desejo de procurar e de encontrar as soluções mais criativas e eficazes para os nossos problemas mais urgentes. Queremos expressar as nossas crenças e convicções com a certeza de que não seremos atacados, rejeitados ou julgados de qualquer outra forma devido a elas. Queremos influenciar – ser vistos e ouvidos.

Este processo é verdadeiramente uma arte. Como tal, não é útil estar-se demasiado agarrado a resultados quando se está a aprender a arte. Irão haver momentos de facilitação menos do que perfeitos, intervenções menos felizes e grupos que não irão chegar a um consenso. Também irão haver momentos maravilhosamente compensadores em que ajuda um grupo a ultrapassar um impasse e a encontrar uma "terceira via". Como acontece com qualquer arte, a mestria está no fazer e não no resultado. Cada discussão é um novo desafio e uma nova lição para ser aprendida. Esteja atento a estas lições, mantenha-se presente e aperfeiçoe a sua arte.

Quando introduz um método poderoso como o consenso num grupo e o utiliza de forma eficaz, desperta algo que provavelmente sempre lá esteve: as pessoas expressam o seu melhor raciocínio, as suas convicções mais profundas e as suas maiores esperanças relativamente àquilo em que a sua organização se pode tornar. Também cria oportunidades para que descubram e fortaleçam as ligações entre ideias e entre si. E, no mundo actual, essas ligações podem ser mais valiosas, mais sustentáveis e mais transformadoras do que a decisão específica que tomam.

Guia de recursos

Livros

- Atlee, Tom e Rosa Zubizarreta. *The Tao of Democracy: Using Co-Intelligence to Create a World That Works for All*. North Charleston, Carolina do Sul: Writer's Collective, 2003.

- Avery, Michel, Barbara Strivel, Brian Auvine e Lonnie Weiss. *Building United Judgment: A Handbook for Consensus Decision Making*. Madison, Wisconsin: Center for Conflict Resolution, 1999.

- Bens, Ingrid. *Advanced Facilitation Strategies: Tools and Techniques to Master Difficult Situations*. São Francisco: Jossey Bass, 2005.

- Block, Peter. *The Answer to How is Yes: Acting on What Matters*. São Francisco: Berrett-Koehler Publishers, 2002.

- Doyle, Michael e David Strauss. *How to Make Meetings Work*. São Francisco: Jove Publications, 1985.

- Holman, Peg, Tom Devane e Steve Cady. *The Change Handbook: Group Methods for Shaping the Future*, 2ª ed. São Francisco: Berrett-Koehler Publishers, 2006.

- Isaacs, William. *Dialogue: The Art of Thinking Together*. Nova Iorque: Doubleday, 1999.

- Kahane, Adam. *Solving Tough Problems: An Open Way of Talking, Listening, and Creating New Realities*. São Francisco: Berrett-Koehler Publishers, 2004.

- Kaner, Sam com Lenny Lind, Catherine Toldi, Sarah Fisk e Duane Berger. *Facilitator's Guide to Participatory Decision-Making*. Filadélfia: New Society Publishers, 1996.

- Saint, Steven e James R. Lawson. *Rules for Reaching Consensus: A Modern Approach to Decision Making*. São Francisco: Pfeiffer & Company, 1994.

- Schwartz, Roger, Anne Davidson, Peg Carlson e Sue McKinney. *The Skilled Facilitator Fielbook: Tips, Tools, and Tested Methods for Consultants, Facilitators, Managers, Trainers, and Coaches*. São Francisco: Jossey Bass, 2005.

Guia de recursos (93)

- Scott, Susan. *Fierce Conversations: Achieving Success at Work and in Life, One Conversation at a Time*. Nova Iorque: Penguin, 2002.

- Susskind, L. S., S. McKearnan e J. Thomas-Larmer, eds. *The Consensus Building Handbook: A Comprehensive Guide to Reaching Agreement*. Thousand Oaks, Califórnia: Sage Publications, 1999.

- Ury, William. *Getting Past No: Negotiating Your Way from Confrontation to Cooperation*. Nova Iorque: Bantam Books, 1991.

- Vogt, Eric E., Juanita Brown e David Isaacs. *The Art of the Powerful Question: Catalyzing Insight, Innovation, and Action*. Mill Valley, Califórnia: Whole Systems Associates, 2003.

- Vroom, Victor e Philip Yetton. *Leadership and Decision Making*. Pittsburgh: University of Pittsburgh Press, 1976.

- Wheatley, Margaret. *Turning to One Another: Simple Conversations to Restore Hope to the Future*. São Francisco: Berrett-Koehler Publishers, 2002.

Vídeos

- *Consensus Decision-Making*. Earlham College, Richmond, Indiana: Quaker Foundation of Leadership, 1987.

- *Twelve Angry Men* [*Doze Homens em Fúria*], Real. Sidney Lumet. MGM Studios. 1957. (Disponível através da Amazon.com e na maioria das lojas de vídeo)

- *The Abilene Paradox: The Management of Agreement*. CRM Learning. 1999. (Disponível através de www.crmlearning.com)

- *Lessons from the New Workplace*. CRM Learning. 2002. (Disponível através de www.crmlearning.com)

Ferramentas para o processo

Cartões de Consenso*, uma ferramenta para decisões de elevada qualidade e deliberações mais rápidas. *www.consensustools.com*

---

* **N. T.** No original, *Consensus Cards*™.

O VIA3 Assured Collaboration é um serviço com base na *Web* que combina áudio, vídeo, mensagens instantâneas e informação em tempo real numa única aplicação informática. *www.viack.com*

Organizações

Center for Collaborative Organizations Anteriormente designado por The Center for the Study of Work Teams, está localizado na Universidade do North Texas e foi criado para formação e investigação em todas as áreas de sistemas de trabalho de colaboração. *www.workteams.unt.edu*

Co-Intelligence Institute O CII promove o conhecimento da co-inteligência, a capacidade de organizar de forma sensata as nossas vidas em conjunto, com a ideia de que todos nós somos mais sensatos juntos do que qualquer um de nós poderia ser individualmente. Divulga ferramentas e ideias que podem ser aplicadas à renovação democrática, a problemas da comunidade, à transformação organizacional, a crises nacionais e globais e à criação de culturas justas, vibrantes e sustentáveis. *www.co-intelligence.org*

Greenleaf Center for Servant Leadership A missão do Centro é melhorar os cuidados e a qualidade de todas as instituições através de uma nova abordagem à liderança, à estrutura e à tomada de decisão partilhada. *www.greenleaf.org*

International Association of Facilitators A IAF é uma associação profissional que promove, apoia e desenvolve a arte e a prática da facilitação através do intercâmbio de métodos, do crescimento profissional da investigação prática, das redes de instituições de ensino superior e de serviços de apoio. *www.iaf-world.org*

National Coalition for Dialogue and Deliberation A missão da NCDD é reunir e apoiar pessoas, organizações e recursos de maneiras que aumentem o poder de discussão para benefício da sociedade. *www.thataway.org*

Public Conversation Project O PCP ajuda pessoas em profundo desacordo relativamente a assuntos polémicos a desenvolver a compreensão mútua e a confiança essenciais para comunidades fortes e acção positiva. *www.publicconversations.org*

Society for Organizational Learning Criada por Peter Senge e outros grandes pensadores, o objectivo da SOL é descobrir, integrar e implementar teorias e práticas inovadoras relativamente à aprendizagem organizacional. *www.solonline.com*.

Sobre o autor

Há mais de 15 anos que Larry Dressler elabora e facilita diálogos e experiências de aprendizagem que produzem novas ideias e inspiram a acção em organizações. É contratado por líderes executivos, que o consideram um conselheiro de confiança sobre como incutir sinceridade, compromisso, colaboração e aprendizagem contínua no local de trabalho.

Como fundador da Blue Wing Consulting, Larry Dressler tem viajado por todos os EUA convidado para participar em palestras, fazer consultoria e relaciona-se com profissionais que representam o que designa por "Liderança Bem Desperta"*. Tem trabalhado com uma grande variedade de organizações, incluindo a Nissan Motors, o USC University Hospital, a Starbucks, o Washington Department of Ecology, a Pediatric AIDS Foundation, os U.S. Federal Protective Services e a Cisco Systems.

Descrito por clientes como um "instigador amável de diálogos reveladores", o trabalho de Larry Dressler tem sido desenvolvido em sedes de empresas em 30 indústrias, numa "escola de circo" no Estado norte--americano do Colorado, na Amazónia Equatorial e em Skid Row, Los Angeles. Quer seja numa sala de reuniões de uma empresa, numa fábrica ou sob as árvores de uma floresta tropical, o talento especial de Larry Dressler para fazer perguntas importantes e implementar a colaboração está no cerne do seu trabalho.

A formação de Larry Dressler combina as disciplinas de Psicologia Social e Estratégia de Negócios. Fez a licenciatura em Sociologia na UCLA e um MBA na Anderson Graduate School of Management da UCLA. Também completou uma pós-graduação em Psicologia Organizacional. Vive com a mulher, Linda, em Boulder, no Colorado, EUA.

---

* **N. T.** No original, "*Wide-Awake Leadership*™".

Gostou deste livro? Oferecemos-lhe a oportunidade de comprar outros dos nossos títulos com 10% de desconto. O envio é gratuito (correio normal) para Portugal Continental e Ilhas.

☐	**Sociedade Pós-Capitalista** Peter F. Drucker	19 € + iva = 19,95 €
☐	**Liderança Inteligente** Alan Hooper e John Potter	19 € + iva = 19,95 €
☐	**O que é a Gestão** Joan Magretta	19 € + iva = 19,95 €
☐	**A Agenda** Michael Hammer	19 € + iva = 19,95 €
☐	**O Mundo das Marcas** Vários	20 € + iva = 21,00 €
☐	**Vencer** Jack e Suzy Welch	21 € + iva = 22,05 €
☐	**Como Enriquecer na Bolsa** Mary Buffett e David Clark com Warren Buffett	16 € + iva = 16,80 €
☐	**Vencer** (áudio) Jack e Suzy Welch	15 € + iva = 18,15 €
☐	**O Diário de Drucker** (versão capa mole) Peter Drucker com Joseph A. Maciarello	19 € + iva = 19,95 €
☐	**O Mundo é Plano** Thomas L. Friedman	20 € + iva = 21,00 €
☐	**O Futuro é Hoje** John C. Maxwell	19 € + iva = 19,95 €
☐	**Vencedores Natos** Robin Sieger	19 € + iva = 19,95 €
☐	**Nunca Almoce Sozinho** Keith Ferrazzi com Tahl Raz	19 € + iva = 19,95 €
☐	**Sou Director, e Agora?** Thomas J. Neff e James M. Citrin	19 € + iva = 19,95 €
☐	**O Meu Eu e Outros Temas Importantes** Charles Handy	19 € + iva = 19,95 €
☐	**Buzzmarketing** Mark Hughes	19 € + iva = 19,95 €
☐	**A Revolução da Riqueza** Alvin e Heidi Toffler	21 € + iva = 22,05 €
☐	**A Cauda Longa** Chris Anderson	20 € + iva = 21,00 €
☐	**Vencer: As Respostas** Jack e Suzy Welch	19 € + iva = 19,95 €
☐	**Um Nível Superior de Liderança** Ken Blanchard	19 € + iva = 19,95 €
☐	**Know-How** Ram Charan	19 € + iva = 19,95 €
☐	**Mavericks no trabalho** William C. Taylor e Polly LaBarre	20 € + iva = 21,00 €
☐	**O Poder de uma Hora** Dave Lakhani	18 € + iva = 18,90 €
☐	**A Cauda Longa** (áudio) Chris Anderson	17 € + iva = 21,57 €
☐	**Onde Estão os Bons Líderes?** Lee Iacocca com Catherine Whitney	19 € + iva = 19,95 €
☐	**O Que é o Lean Six Sigma** Mike George, Dave Rowlands e Bill Kastle	15 € + iva = 15,75 €
☐	**Correspondência Comercal Eficaz** John A. Carey	20 € + iva = 21,00 €
☐	**Ganhar com a Biodiversidade** João Pereira Miguel, Luis Ribeiro Rosa e Susana Barros	18 € + iva = 18,90 €
☐	**O essencial de Drucker** Peter F. Drucker	20 € + iva = 21,00 €
☐	**Andy Grove** Richard S. Tedlow	21 € + iva = 22,05 €

Colecção Espírito de Negócios

☐	**Gestão do Tempo** Polly Bird	18 € + iva = 18,90 €
☐	**O Poder do Pensamento** **Positivo nos Negócios** Scott W. Ventrella	18 € + iva = 18,90 €
☐	**A Arte da Liderança Pessoal** Randi B. Noyes	18 € + iva = 18,90 €
☐	**Comunicar com Sucesso** Perry Wood	18 € + iva = 18,90 €
☐	**Persuasão** Dave Lakhani	18 € + iva = 18,90 €
☐	**Como destruir uma empresa** **em 12 meses… ou antes** Luis Castañeda	18 € + iva = 18,90 €
☐	**Ler Depressa** Tina Konstant	18 € + iva = 18,90 €
☐	**Como gerir pessoas difíceis** Carrie Mason Draffen	18 € + iva = 18,90 €
☐	**Saber trabalhar melhor** Mark Gulston	18 € + iva = 18,90 €
☐	**É hora de decidir** Michael Useem	18 € + iva = 18,90 €
☐	**A verdade sobre a negociação** Leigh Thompson	18 € + iva = 18,90 €
☐	**Você, L.da** Harry e Christine Beckwith	18 € + iva = 18,90 €

Colecção Harvard Business School Press

☐	**Visão Periférica** George S. Day e Paul J.H. Schoemaker	20 € + iva = 21,00 €
☐	**Questões de Carácter** Joseph L. Badaracco, Jr.	20 € + iva = 21,00 €
☐	**A estratégia Oceano Azul** W. Chan Kim e Renée Mauborgne	20 € + iva = 21,00 €
☐	**Síndrome do Macho Alfa** Kate Ludenman e Eddie Erlandson	20 € + iva = 21,00 €
☐	**O Futuro da Gestão** Gary Hamel	20 € + iva = 21,00 €
☐	**Cinco Mentes Para o Futuro** Howard Gardner	20 € + iva = 21,00 €
☐	**Payback** James P. Andrew e Harold L. Sirkin	20 € + iva = 21,00 €

Colecção Jovem Empreendedor

☐	**Por que é que os empreendedores** **devem comer bananas** Simon Tupman	19 € + iva = 19,95 €
☐	**Qualquer um consegue** Sahar e Bobby Hashemi	19 € + iva = 19,95 €

Colecção Conceitos Actuais

☐	**Afinal quem são "eles"?** B.J. Gallagher e Steve Ventura	16 € + iva = 16,80 €
☐	**O Tao de Warren Buffett** Mary Buffett e David Clark	12 € + iva = 12,60 €
☐	**As leis "não escritas" da gestão** W.J. King (actualização de G. Skakoon)	12 € + iva = 12,60 €
☐	**Os melhores conselhos de** **investimento que recebi** Liz Claman	12 € + iva = 12,60 €
☐	**A revolução do hamster** Mike Song, Vicky Halsey e Tim Burress	12 € + iva = 12,60 €

Total	
10% desconto	
Custo Final	

Pode enviar o pagamento por cheque cruzado, ao cuidado de **Conjuntura Actual Editora, Lda.** para a seguinte morada:
Rua Luciano Cordeiro, 123 - 1º Esq. | 1069-157 Lisboa | Portugal
Por favor inclua o nome completo, morada e número de contribuinte.

Os preços, adequados à data em que o livro foi editado e à disponibilidade, podem ser alterados.
Para mais informações visite o nosso *site*: **www.actualeditora.com**

Esteja atento às promoções de novidades e para o Natal!